**Fosse commune
30 000 morts**

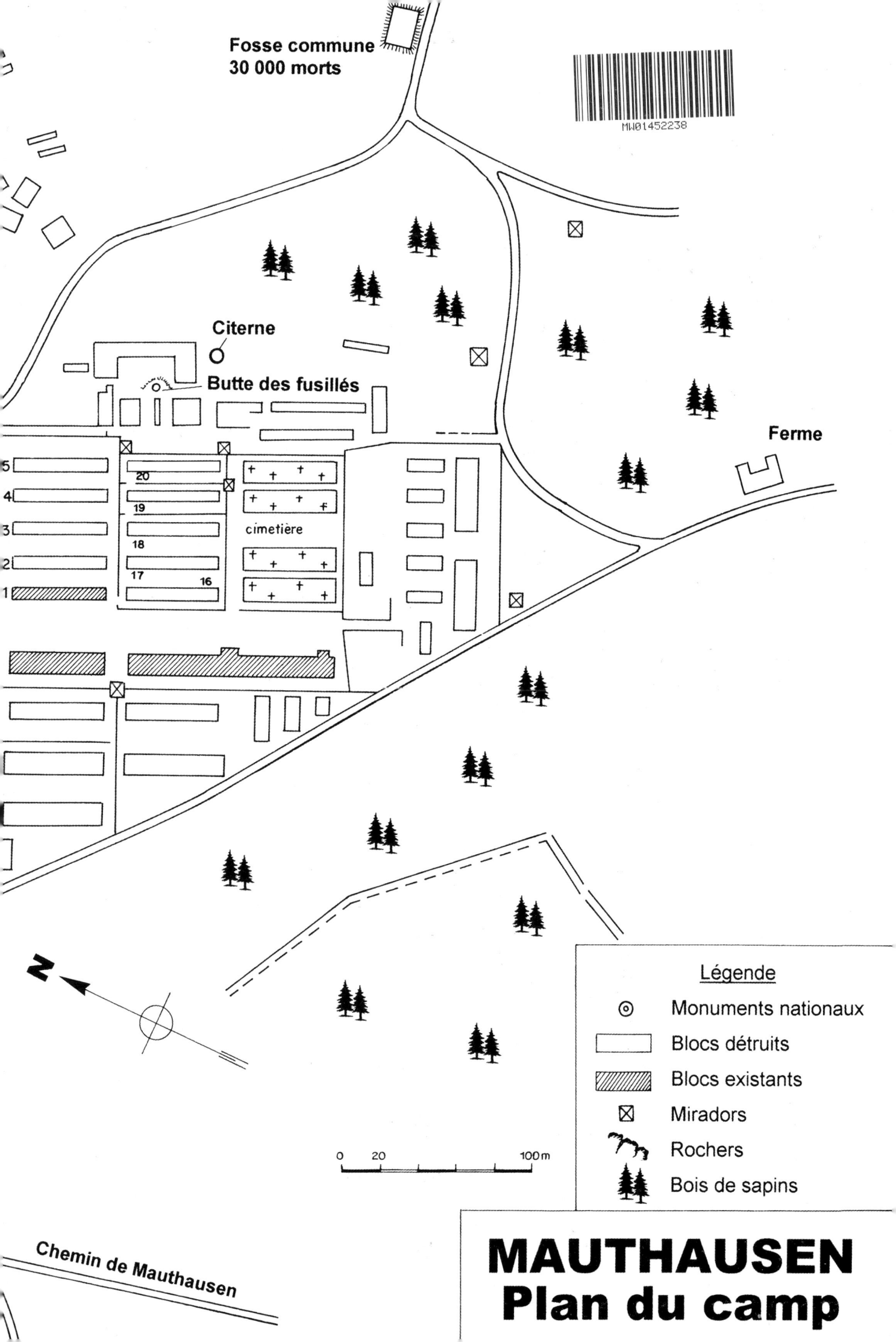

Citerne

Butte des fusillés

Ferme

cimetière

Chemin de Mauthausen

N

Légende

- ⊙ Monuments nationaux
- ▭ Blocs détruits
- ▨ Blocs existants
- ⊠ Miradors
- Rochers
- 🌲 Bois de sapins

0 20 100 m

MAUTHAUSEN
Plan du camp

Paul Le Caër - Bob Sheppard

MAUTHAUSEN

HEIMDAL

— Ouvrage conçu par Georges Bernage.
— Textes : Paul Le Caër et Bob Sheppard.
— Réalisation : Jean-Luc Leleu.
— Maquette de Francine Gautier.
— Composition et mise en pages : Marie-Claire Passerieu.
— Photogravure : Christian Caïra, Franck Richard, Christel Lebret.

Le symbole (*) indique les photos provenant des archives SS.

Sources de l'iconographie en possession de l'*Amicale de Mauthausen*
31, bd Saint-Germain - 75005 Paris

En 1945, après leur retour, les anciens déportés français de Mauthausen se sont réunis pour former, avec les veuves et les familles de leurs camarades disparus, l'Amicale Nationale des Déportés et familles de Disparus de Mauthausen et de ses commandos. Cette « Amicale de Mauthausen » a été officialisée en 1947, après le dépôt de ses statuts en Préfecture.

Dans le livre « Mauthausen » publié en 1945 par un ancien détenu du camp depuis avril 1943, le journaliste *Paul Tillard*, nous pouvons lire au verso de la Préface de *Jean-Richard Bloch*, l'origine des nombreux documents photographiques reproduits : « Toutes les photographies reproduites dans ce livre, ont été prises par les SS eux-mêmes. Les négatifs ont été trouvés dans les bureaux au moment de la Libération. Elles ont été ramenées en France par un jeune déporté espagnol. »

Ce jeune républicain espagnol *Francisco Boix* travaillait dans le laboratoire photographique des SS du camp de Mauthausen avec son compatriote *Luis Garcia*.

Au cours de l'interragatoire de *Boix* par le Tribunal Militaire International de Nuremberg, à l'issue des débats en français, du 22 janvier 1946 au 4 février 1946, le témoin a expliqué l'origine des photos, qu'il représentait :

« Les photos de Service d'identification des SS de Mauthausen ont été prises par le SS Oberscharführer *Fritz Kornatz*, qui a été tué en Hollande par les forces américaines en 1944. Après son départ, il a été remplacé par le SS Oberscharführer *Paul Ricken*, lequel a survécu après la Libération. » Aucune autre indication de source n'a été prononcée.

Ces documents photographiques commentés par le témoin sont enregistrés sous le numéro de dépôt RF 333.

A la Libération, *Boix* est devenu le photographe de ces instants inoubliables. Les troupes américaines ont réalisé de nombreux clichés de leur première vision de l'horreur que nous retrouvons encore en l'an 2000.

Les premiers d'entre nous qui participèrent aux multiples pèlerinages à partir de 1948, avides de présenter à leur entourage les lieux de leur calvaire, ont produit de nombreux clichés, aujourd'hui, source de mémoire.

Les centres d'archives d'Arolsen et de Vienne ont complété cette collection, déjà mise en valeur par *France Boudault* et *Paul Le Caër*, au prix d'un travail minutieux dans la recherche des légendes aidés en cela par *Mariano Constante* et *Luis Garcia* ainsi que par *Francisco Boix*, à titre posthume.

Paul Le Caër
Responsable de l'iconographie de l'Amicale de Mauthausen

Archives iconographiques de Mauthausen seront déposées aux Archives de France à Paris dans le courant de l'année 2000.

Sauf mentions contraires, les textes sont extraits de l'ouvrage « *Les Pierres qui parlent* ».

ISBN 2 84048 127 8

Catalogue gratuit sur simple demande.

Editions Heimdal - Château de Damigny - BP 320 - 14403 BAYEUX Cedex - Tél. : 02.31.51.68.68 - Fax : 02.31.51.68.60 - E.mail : Editions.Heimdal@wanadoo.fr

Copyright Heimdal 2000. La loi du 11 mars 1957 n'autorisant, aux termes des alinéas 2 et 3 de l'article 4, d'une part, que les « copies ou reproductions strictement réservées à l'usage privé du copiste et non destinées à une utilisation collective » et, d'autre part, que les analyses et les courtes citations dans un but d'exemple et d'illustration, « toute reproduction ou représentation intégrale, ou partielle, faite sans le consentement de l'auteur ou de ses ayants droit ou ayants cause, est illicite. Cette représentation, par quelque procédé que ce soit, constituerait donc une contrefaçon sanctionnée par les articles 425 et suivants du code pénal.

Sommaire/*Summary*

Sources ... 2

MAUTHAUSEN

Situation et approche du camp/*Camp Location and surrounding* ... 5

Les étapes de la construction/*Building stages* ... 10

Internés et Déportés/*Internees and Deportees* ... 21

Les femmes à Mauthausen/*Women at Mauthausen* ... 30

Les installations du « bunker »/*The « bunker » installations* ... 33

La carrière Wiener Graben/*Wiener Graben quarry* ... 43

Les sévices/*Brutalities* ... 53

L'évasion de la baraque 20/*Escape from barrack 20* ... 68

La libération du camp de Mauthausen, 5 mai 1945/
Liberation of Mauthausen Camp - 5th May 1945 ... 70

Après la libération/*After the Liberation* ... 72

LES CAMPS ANNEXES/ANNEXES CAMPS

Gusen/*Gusen* ... 91

Vöcklabruck - Wagrain/*Vöcklabruck - Wagrain* ... 108

Le château d'Hartheim/*Schloss Hartheim* ... 110

Linz 3/*Linz 3* ... 112

Loiblpass/*Loiblpass* ... 114

Melk (« Quartz »)/*Melk (« Quartz »)* ... 118

Hinterberg (Peggau)/*Hinterberg (Peggau)* ... 121

St Lambrecht/*St Lambrecht* ... 122

Schlier (Redl-Zipf)/*Schlier (Redl-Zipf)* ... 124

Steyr/*Steyr* ... 131

Ternberg/*Ternberg* ... 132

Wiener-Neustadt/*Wiener-Neustadt* ... 134

Ebensee (Zement)/*Ebensee (Zement)* ... 136

Implantation des camps et kommandos dépendant du camp de Mauthausen/
Situation of camps and Kommando dependant of Mauthausen camp ... 155

Mauthausen : blocks et bâtiments des années plus tard/
Mauthausen : barracks and buildings years later ... 156

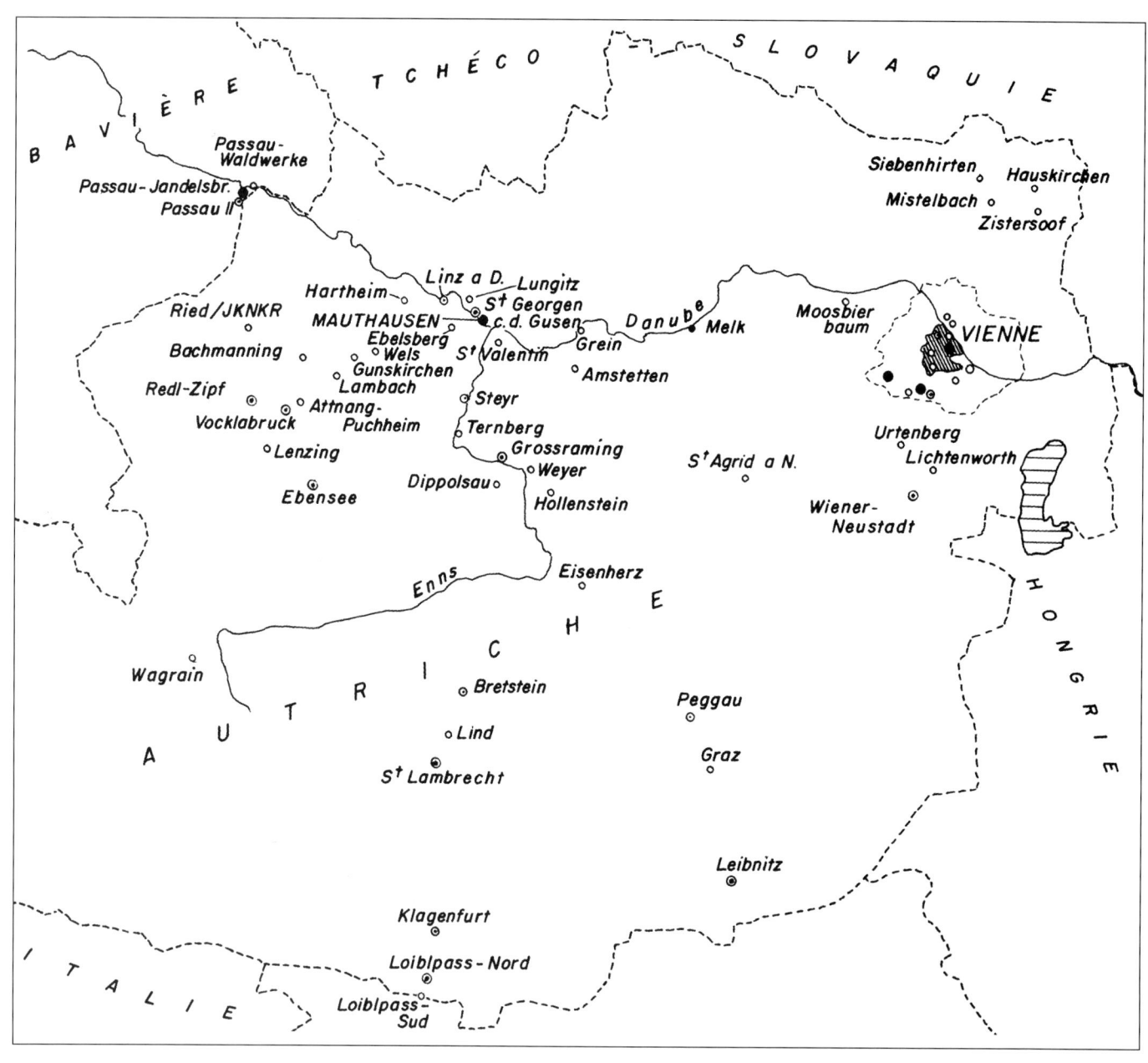

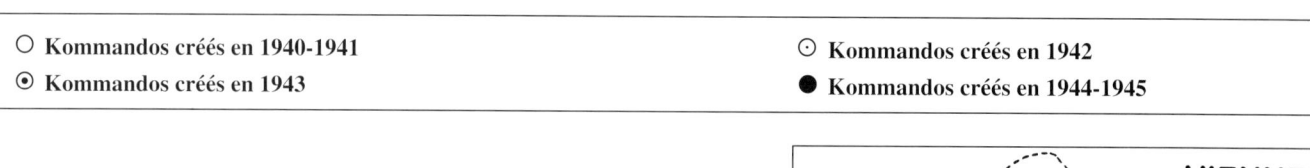

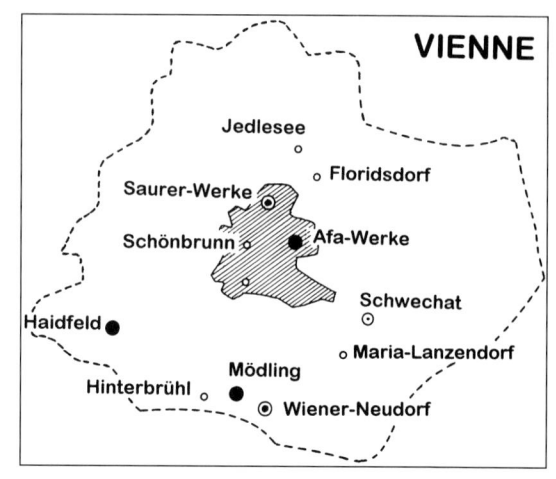

○ Kommandos créés en 1940-1941   ⊙ Kommandos créés en 1942
◉ Kommandos créés en 1943   ● Kommandos créés en 1944-1945

Mauthausen

Un nom entré dans l'Histoire/*A Name in History*

Mauthausen. C'est le nom d'un paisible village situé au bord du Danube, à 22 kilomètres en aval de la ville de Linz, capitale de la Haute-Autriche.

MAUTHAUSEN. Sous cette appellation, c'est maintenant le nom d'une réalité tragique. Un nom qui sonne lugubrement dans toute l'Europe. Le témoignage en reste une forteresse de granit, édifiée à proximité du village sur les hauteurs dominant le Danube. C'est là et sous ce nom que, pendant sept ans, de 1938 à 1945, a fonctionné l'une des métropoles les plus sinistres du monde concentrationnaire nazi.

Devenu monument historique, l'ensemble est aujourd'hui un lieu de pèlerinage, de visite et de recueillement. Il porte témoignage des crimes qui ont été commis là, tandis que les murailles de granit conservent pour les temps à venir leur aspect redoutable de forteresse moyenâgeuse.

Mauthausen, un petit village sur le Danube./*Mauthausen, a small village on the Danube.*

Mauthausen is the name of a peaceful village along the Danube 22 kilometers downstream the town of Linz, Capital of High Austria.

Mauthausen. From that name is now a tragic reality. A name which sounds mournfully in the whole Europe. A granite fortress is the testimony left, built near the village on top of a hill over the Danube. It is there and under this name that during seven years, from 1938 to 1945, has work one of the most sinister metropolis in the nazi system of concentration camps.

Now an historical monument, the site is a place for pilgrimage, visit and meditation. It bears witness of the crimes committed there, while the granite wall keeps for the time to come the aspect of a middle-age dreadful fortress.

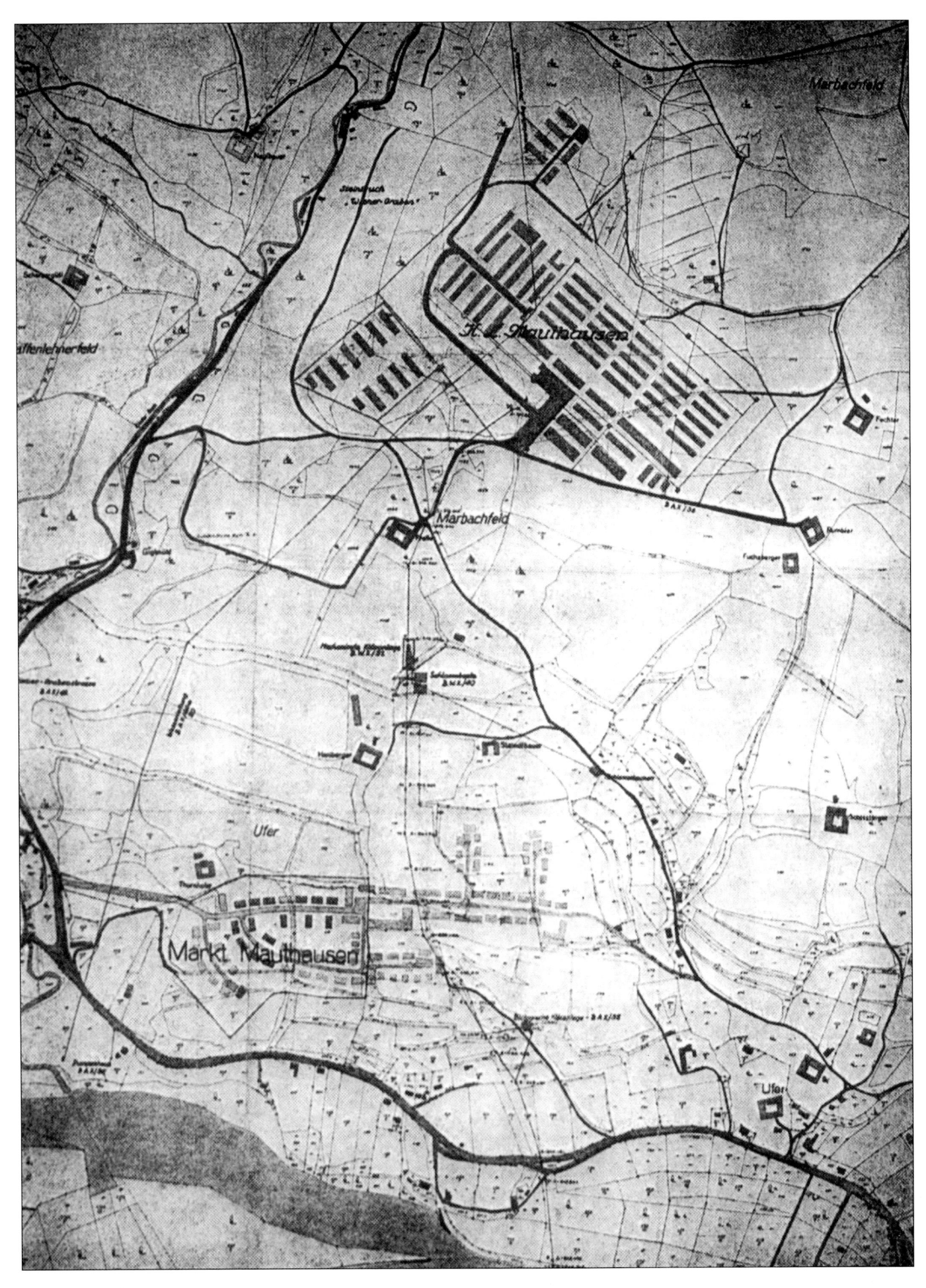

Plan cadastral du camp de Mauthausen et de ses environs réalisé par les services SS en 1941 ou 1942.
Survey map of Mauthausen camp and its surrounding set up by the SS services in 1941 or 1942.

La gare de Mauthausen où sont passés des milliers de déportés venant de toute l'Europe occupée.
Mauthausen railway station where thousand s of prisoners went through from the whole of occupied Europe.

Le petit chemin d'accès au camp par où est passée la majorité des convois de détenus.
The small access path to the camp through which most of the transports went.

Au détour du chemin, la première vision du camp.
After the path, first vision of the camp.

Porte d'entrée du camp vue de la place d'appel. Origine et date inconnue.
Main entrance of the camp from the roll-call square. Origine and date unknown.

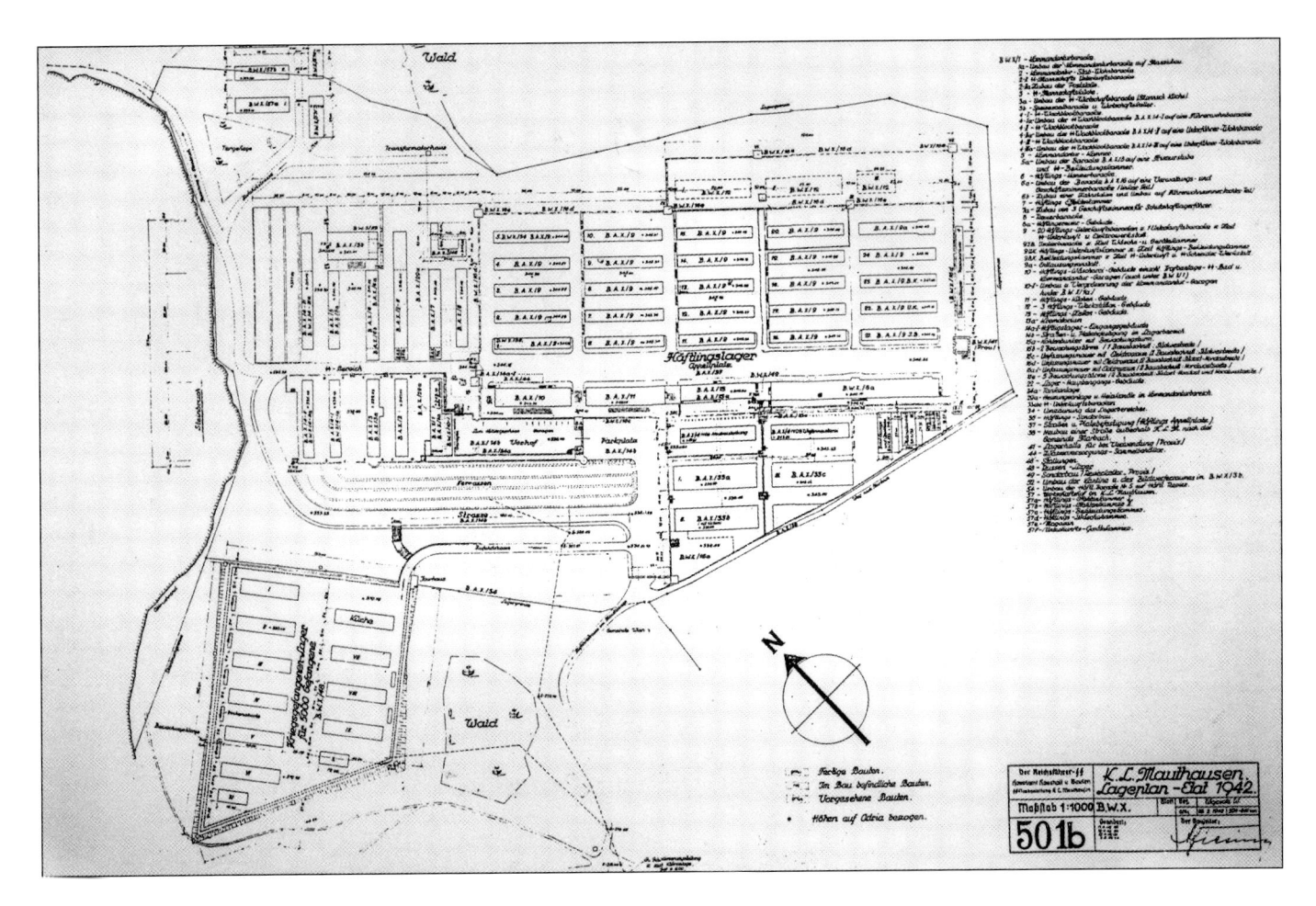

Plan général du camp de Mauthausen établi par l'administration SS en 1942. (*)
General map of the camp of Mauthausen set up by the SS administration in 1942.

L'entrée de la cour des garages des troupes SS. 1941. (*)
Entrance of the garage SS troops in 1941.

Détenus travaillant dans la neige à l'extérieur du camp au cours de l'hiver 1941-1942. Ce cliché a été retrouvé sur le commandant SS Bendele, dernier commandant du camp de Schlier jugé après la guerre et pendu en 1947. (*)

Prisoners working in the snow outside the camp during winter 41-42. This photo has been found on Commandant SS Bendele, last commandant of Schlier' camp, judged after the war.

Les étapes de la construction

De 1938 à 1940

C'est le début du camp. Au terme de la première phase de construction, la partie réservée aux détenus se compose d'une part de vingt blocks alignés en quatre rangées de cinq, et d'autre part de trois bâtiments à étage. Le block numéro 1 est réservé aux services intérieurs. Le dernier, qui est le numéro 20, sert d'infirmerie. Les bâtiments abritent respectivement la buanderie avec des douches au sous-sol, les cuisines avec des caves, et enfin l'Arrest, c'est-à-dire la prison que les détenus appelleront le « bunker ». Entièrement construit en dur, ce dernier comprend un crématorium au sous-sol.

De 1941 à 1942

C'est durant cette période que le camp prend son aspect de forteresse et que nous possédons le plus de documents photographiques. Le mur d'enceinte, les remparts et les tours commencés au cours de la période précédente sont achevés. La place d'appel est empierrée. Le garage des SS et la Kommandantur situés aux portes du camp sont également bâtis en dur.

De 1943 à 1945

C'est la période d'extension pendant laquelle de nouvelles installations viennent se greffer aux structures existantes. Des aménagements sont apportés au crématorium et la chambre à gaz prend sa forme définitive. Dans le prolongement du « bunker », un « hôpital » est achevé. Ses caves communiquent avec le crématorium, les salles d'exécution et les cachots du « bunker ». Aujourd'hui, les bâtiments SS de l'extérieur ont disparu, à l'exception de ce qui fut la Kommandantur. Sur leur emplacement s'élèvent les monuments dédiés en souvenir. A cet endroit, ce sont les pierres qui parlent.

Construction's stages

From 1938 to 1940

It's the start of the camp. After a first building stage the quarter for prisoners consists on one side, of twenty « blocks » lined up in four ranks of five and on the other side of three storied buildings. Block n° 1 is reserved for intern services. The last one, n° 20, is used as infirmary.

Buildings include respectively : laundry with showers underground, kitchen with cellars, and at last, the « Arrest », prison which will be called by prisoners the « bunker ». Entirely built in hard stone it includes a crematorium in its underground.

From 1941 to 1942

During this period, the camp takes its aspect of fortress and we have the most important amount of photo documents concerning it. The outside walls, the ramparts and towers started in the previous period are now achieved. The roll-call place is covered with stones. The SS garage and « Kommandantur » (commandant N.Q) located near the camp doors are also built in hard stones.

Ci-dessous : Vue générale des travaux de nivellement sur la face occidentale du camp. Printemps 1942. (*)

Below : General outview of the leveling work on the west side of the camp. Spring 1942.

From 1943 to 1945
Extension period during which new installation are added to the existing structures. Arrangements are made to the crematorium and the gas-chamber takes its final form. In extension of the bunker an « hospital » is achieved. Its cellars are linked with the crematorium, executions room and « bunker » cells.
Today, the outside SS building has disappeared except for what was the « Kommandantur ». At the same place are built monuments dedicated to the memory. There : the stone talks.

▲ Réalisation du plancher en béton de la nouvelle Kommandantur. Septembre 1941. (*)
Building of the floor in concrete- New « Kommandantur » - September 1941.

▼ Pavage de la place d'appel par des détenus espagnols. Des officiers SS viennent constater l'avancement des travaux. Hiver 1941-1942. (*)
Pavement of the « roll-call » ground by Spanish prisoners. SS Officers watching the advance of the work. Winter 1941-1942.

Edification du mur d'enceinte ouest du camp. 1940-1941. (*)
Building up of the main wall west of the camp 1940-1941.

▲ Revue des gardes SS devant les garages du camp. remarquer en arrière plan les sept portes qui seront démolies après l'arrivée de véhicules militaires tout terrain beaucoup plus larges. Septembre 1941. (*)

Parade of the SS guards in front of the camp garage. Notice in the back ground, the seven doors demolished after the arrival of new military vehicles much wider. - September 1941.

▼ Réalisation de nouveaux garages au cours de l'hiver 1941-1942 en remplacement des anciens devenus trop étroits. La Kommandantur sera reconstruite en pierre au-dessus des garages et un encorbellement sera ajouté. (*)

New garages during winter 41.42. Taking the place of the destroyed garages. The SS « Kommandantur » will be rebuilt in stone on top of the garage together with a balcony.

Construction d'un mur de soutènement contre le mur d'enceinte ouest. Au premier plan, des baraques de sentinelles SS. En arrière plan, la prison du camp (le « bunker »). Cette photographie est le seul cliché où l'on peut voir le crématoire en fonctionnement. Septembre 1941. (*)

Building of a sustain wall against the west main wall. In foreground SS sentry barracks. Background, the camp prison « the bunker ». This photograph is the only one on which the crematorium in activity can be seen - September 1941.

Construction d'un chemin de ronde au-dessus de la porte des garages SS. Septembre 1941. (*)
Building of a patrol way over the SS garage door - September 1941.

Réalisation d'un terre-plein destiné à l'installation de baraques et d'ateliers. Septembre 1941. (*)
Building of a plainground for barracks and workshops (September 1941).

Construction des baraques SS. Fin 1941. (*)
Building of the SS barracks - End 1941.

Construction de la nouvelle infirmerie du camp en 1941-1942. L'actuel musée a été installé dans ce bâtiment. (*)

Building of the camp new hospital 1941-1942 - The actual museum is now in this building

Pavage de la place d'appel. 1941. (*)
Pavement of the « Roll-call » place - 1941

Vue du chantier de l'infirmerie. (*)
View of the hospital building yard.

Pose des coffrages des planchers de l'infirmerie. 1941-1942. (*)
View of the set up of the hospital floor.

Nivellement des terrains situés sur la face ouest du camp. (*)
Leveling of the ground on the west side of the camp.

Inspection du commandant SS Bachmayer sur le chantier de nivellement. 1941. (*)
Inspection by the SS Commandant Bachmayer on the leveling ground.

Internés et Déportés

1938 - Arrivée d'environ 1 000 hommes provenant des camps de concentration de Dachau et de Sachsenhausen, tous détenus de droit commun.
   Effectif du camp à la fin de 1938 : environ 1 180 hommes.
1939 - Arrivée d'environ 1 600 hommes venant du camp de concentration de Dachau, parmi lesquels figurent des détenus politiques tchèques, allemands et autrichiens.
   Effectif total : 2 666 hommes.
1940 - Arrivée des premiers républicains espagnols et des Polonais venant de Dachau et de Buchenwald, ces derniers dirigés sur Gusen.
   Effectif total avec le camp de Gusen : environ 8 200 hommes.
1941 - Arrivée de républicains espagnols, des premiers Juifs hollandais, venant du camp de concentration de Buchenwald, des premiers Yougoslaves venant de Maribor, et de 4 205 prisonniers de guerre soviétiques.
   Effectif total avec le camp de Gusen le 31 décembre 1942: environ 15 900 hommes.
1942 - Arrivée de nombreux Tchèques ainsi que des premiers Français et Belges.
   Effectif avec le camp de Gusen : environ 14 000 hommes et 21 femmes.
   31 décembre 1942 : enregistrement du matricule Nr. 20 359.
1943 - Arrivée de 2 100 Français, en majorité résistants.
   Effectif : environ 25 607 hommes, le nombre de femmes est inconnu.
   31 décembre 1943 : enregistrement du matricule Nr. 41 478.
1944 - Arrivée de nombreux résistants français et de plus de 10 000 Juifs hongrois évacués des camps situés les plus à l'Est de l'Europe.
   Effectif : 72 392 hommes et 959 femmes.
   31 décembre 1944 : enregistrement du matricule Nr. 114 524 pour les hommes.
1945 - Arrivée de détenus évacués des camps de concentration d'Auschwitz, de Gross-Rosen, de Sachsenhausen, etc. pour les hommes, ainsi que de Ravensbrück pour les femmes.
   Dernier effectif au 4 mai 1945 : 64 800 hommes et 1 734 femmes.
   Dernier matricule enregistré : Nr. 139 317.

Source : Hans Marsalek

Internees and deportes

1938 - About one thousand men coming from Dachau and Sachsenhausen arrive, all convicts.
   Strength - end of 1938 : about 1180 men.
1939- Arrival of about 1600 men from Dachau concentration camp - among them political prisoners, Czech, German and Austrian.
   Total strength : 2.666 men
1940 - Arrival from Dachau and Buchenwald of the first Spanish republicans and Poles - these one sent to Gusen .
   Total strength including Gusen : about 8 200 men.
1941 - Arrival from Buchenwald camp of Spanish republicans, the first Dutch Jews, first Yugoslavs from Maribor and 4205 soviets prisoners of war.
   Total strength including Gusen on the 31st of December 1941 : about 15.900 men.
1942 - Arrival of many Czech and the first French and Belgian . Strength including Gusen : 14.000 men - 21 women.
   31st of December 1942, number 20.359 is registered.
1943 - Arrival of 2100 French. Most of them members of the Resistance. Strength : about 25.607 men - number of women unknown.
   31st of December 1943 : registration of number 41.478.
1944 - Arrival of many French resistants and more than 10.000 Hungarian Jews coming from camp situated east of Europe - Strength : 72.392 men - 959 women.
   31st of December 1944 : registered number 114.524 for men only.
1945 - Arrival of prisoners from evacuated camps : Auschwitz, Gross- Rosen, Sachsenhausen etc. for men, from Ravensbruck for women.
   Last strength on the 4th of may 1945 : 64.800 men and 1734 women.
   Last number registered : N° 139.317.

Sources Hans Marsalek

Le mur de l'entrée

De façon générale, les convois de détenus qui arrivaient à Mauthausen ne restaient pas sur la place d'appel. Les hommes étaient poussés sur la droite et alignés avec leurs bagages au pied du mur d'enceinte. Ici commençait pour eux la première épreuve du camp : l'attente. Une attente qui, selon le moment de l'arrivée ou l'importance du convoi, pouvait durer des heures, tout un jour, ou toute une nuit. Sans manger, sans boire, sans le droit de se déplacer pour satisfaire un besoin naturel.

Le service photographique SS produisit pendant les années 1941 et 1942 des séries de clichés des nouveaux arrivants : prisonniers de guerre soviétiques et partisans yougoslaves.

The entrance wall

Generally, prisoners convoy coming into Mauthausen did not stand on the roll-call square. Men were pushed on the right and lined up with their luggage along the main wall. Here started for them the first test in camp : « waiting ». A « waiting » depending on the moment of arrival or the number of prisoners, could last hours, a full day and night long, with nothing to eat or drink and no right to move even for natural necessities.

SS Photos' department produced during 1941 and 1942 series of photos showing new arrivals : Soviet war prisoners, Yugoslav resistants (« partisans »).

Arrivée d'un convoi de prisonniers de guerre soviétiques. Octobre 1941. (*)
Arrival of a convoy of Soviet prisoners of war.

Officiers SS lors de l'arrivée d'un convoi de deux mille prisonniers de guerre soviétiques en octobre 1941. Le second à partir de la gauche est le sous-lieutenant SS Schulz., chef de la section politique au sein du camp. (*)
SS officers upon arrival of a convoy of two thousand soviet prisoners of war in October 1941. The second from left is the First Lieutenant SS Schultz, chief of the political section in the camp.

Arrivée de prisonniers de guerre soviétiques le 20 octobre 1941. Pour les accueillir, les kapos du camp se sont déguisés en soldats d'opérette. (*)

Arrival of Soviet prisoners of war - 20th of October 1941. « Kapos » disguised in musical comedy soldiers.

Après s'être douchés et avoir été désinfectés, des prisonniers de guerre soviétiques sont obligés de faire le salut nazi avant de rejoindre le block de quarantaine. A noter que certains détenus lèvent le bras gauche. Automne 1941. (*)

After shower and desinfection, Soviet prisoners of war are obliged to the « Nazi salute » before going to their quarantine barracks. Note some of them lift their left arm - Autumn 1941.

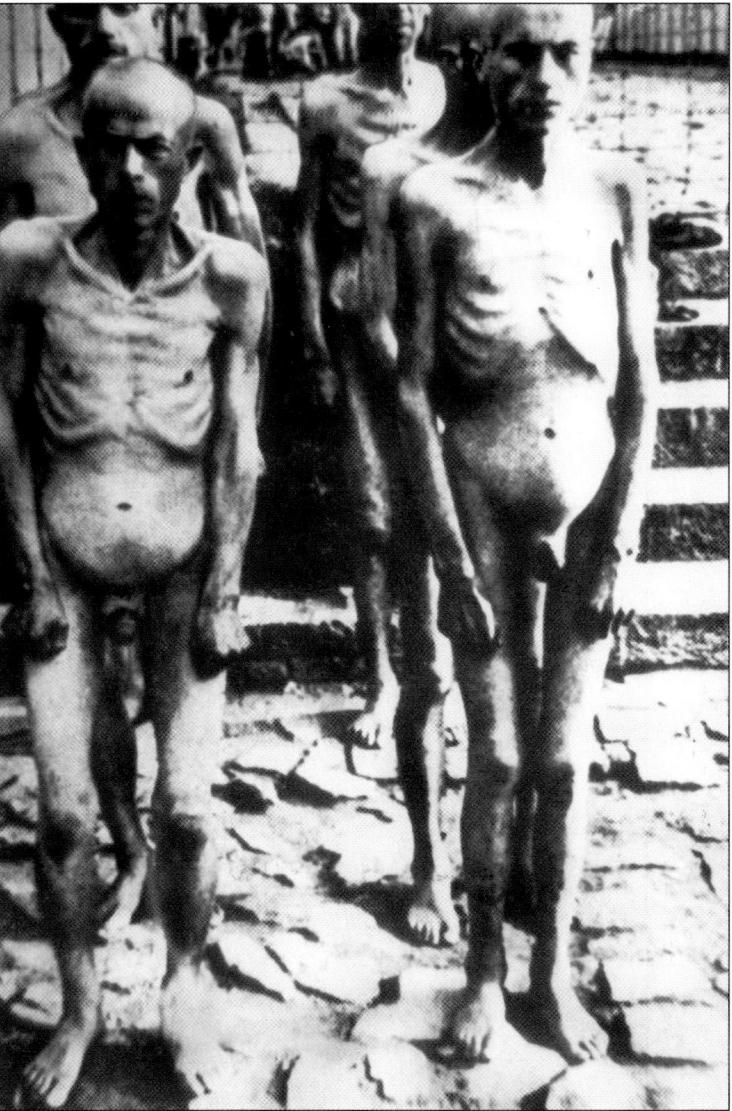

Etat des prisonniers de guerre soviétiques arrivés au camp de Mauthausen en octobre 1941. Ces photographies prises en mars 1942 par - 10° (les autres ont été pendus entre-temps) ont été présentées en 1945 au procès de Nuremberg lors de la déposition de Francisco Boix, jeune républicain espagnol qui travaillait au laboratoire des gardes SS et qui avait caché les négatifs des clichés pris par ceux-ci, d'après les archives de Mauthausen. (*)

State of Soviet prisoners of war who arrived in October 1941. These photographs taken in January 1942 under 10° centigrade, were showed at the Nuremberg trial in 1945 during the testimony of Francisco Boix, a young Spanish republican who worked in the SS laboratory and could hide the negatives.

Etudes sur le cas des prisonniers de guerre soviétiques incorporés dans le système concentrationnaire de Mauthausen.

Entrants :
Le 20.10.1941	2 205 détenus SU Kg
Le 24.10.1941	2 200 détenus SU Kg
Le 10.02.1942	1 000 détenus SU Kg

Courte analyse des premiers décès :
Le 21.10.1941	3 détenus SU sont les premiers morts
Au 31.01.1942	768 détenus SU sont décédés
En mars 1942	187 détenus SU sont décédés
	026 détenus SU sont pendus
Le 23.11.1942	083 détenus SU sont exterminés, ce jour
En avril 1942	080 détenus SU sont décédés
Le 9 avril 1942	208 détenus SU sont gazés

A partir de cette date, la dénomination de SU Kg disparaît pour Soviétiques.

Fin 1944, les nouveaux arrivants, seront désignés détenus « K » et enfermés au bloc 20 pour liquidés.

Recherches au 10 février 1999

Sélection de jeunes Ukrainiens destinés à travailler comme tailleurs de pierre dans la carrière du camp. La scène se déroule sur la place d'appel, devant la baraque numéro 1. Eté 1942. (*)

Selection of young Ukrainians who are going to work as stone cutter (Steinmetzer) in the stone quarry of the camp. Action takes place during the « Roll-call » in front of n° 1 barrack.

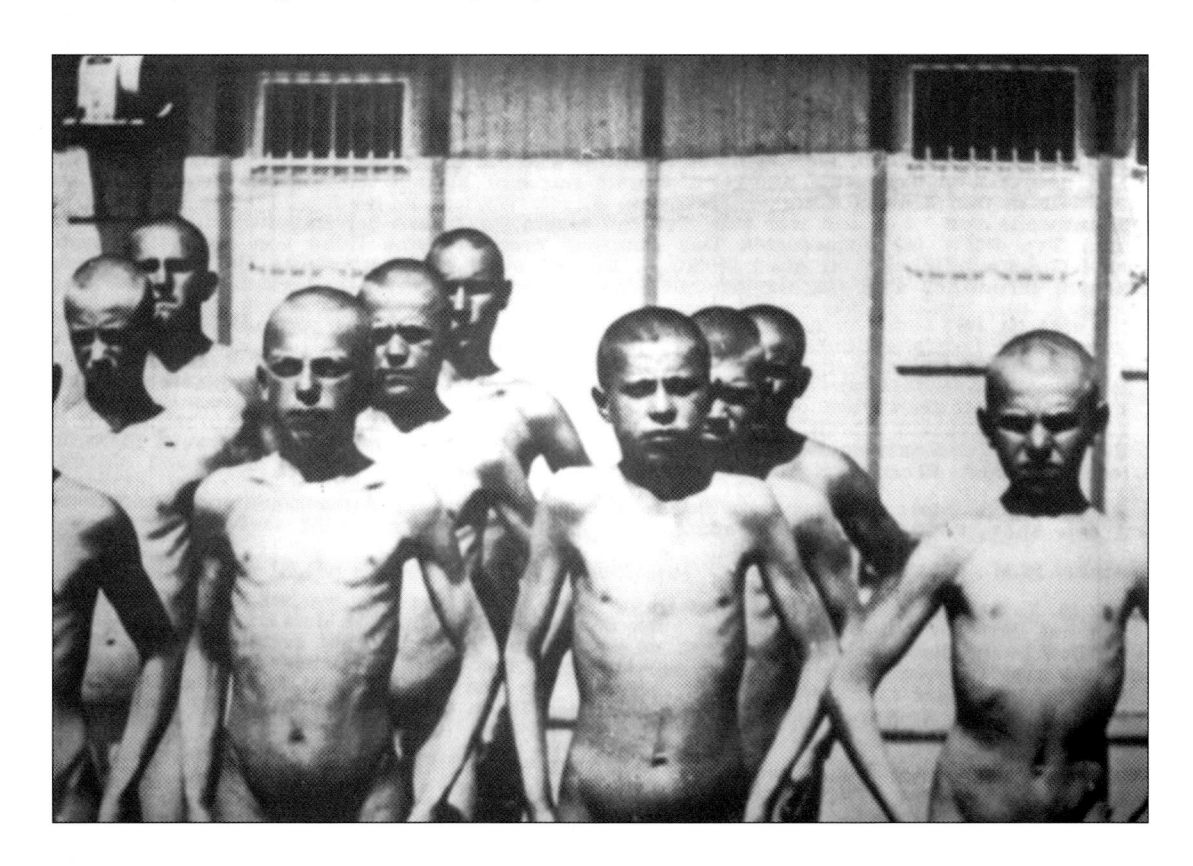

Les jeunes Ukrainiens habillés pour l'exercice matinal. (*)
Young Ukrainians dressed for the morning exercise.

Détenus soviétiques classés « K », c'est-à-dire non immatriculés et appelés à disparaître. (*)
Soviet prisoners class « K », no numbers, have to disappear.

Deux partisans yougoslaves photographiés à leur arrivée au camp. Printemps 1942. (*)

Yugoslav « Partisans » (Resistants) upon arrival - Spring 1942.

Les femmes à Mauthausen

Le 20 avril 1942, date anniversaire de Hitler, 53 détenus - presque tous Yougoslaves - ont été fusillés à Mauthausen : leur nombre correspondait à l'âge du Führer. Parmi ces victimes figuraient quatre femmes, les premières entrées dans l'histoire du camp. Au total, plusieurs milliers de femmes originaires de nombreux pays d'Europe, ainsi que des Etats-Unis pour certaines d'entre elles, ont été déportées à Mauthausen. Pour la plupart très jeunes, ces femmes avaient été arrêtées dans leur grande majorité pour des motifs politiques.

Sont ainsi arrivées à Mauthausen :

– 151 femmes tchèques (certaines enceintes ou avec leurs enfants) sont asphyxiées dans la chambre à gaz en octobre 1942, janvier 1943 et septembre 1944.
– 189 femmes soviétiques arrivées en novembre 1943.
– 4 Italiennes, 3 Russes, ainsi qu'une Yougoslave et une Hongroise sont portées « disparues » en janvier 1944.
– 59 femmes venant de Ravensbrück le 15 septembre 1944. C'est seulement à compter de ce jour que des matricules leur furent attribués par ordre d'arrivée à partir du numéro 1. A la fin du mois d'avril 1945, l'immatriculation s'arrêtera au numéro 3 077. D'autres femmes également arrivées au camp au cours de cette période n'ont jamais reçu de matricules : celles venues de Varsovie en septembre 1944 et qui ont été immédiatement transférées, celles arrivées dans les derniers jours d'existence du camp, sans compter celles mortes lors du transport ou aussitôt exécutées.

Women in Mauthausen

On the 20th of April 1942 - Hitler's birthday, 53 prisoners mainly Yugoslavs were shot in Mauthausen, the number of victims corresponding to the Führer's age. Among them, four women, the first in the camp history.

Several thousands of women from many Europeans countries, and the United States from some of them, were interned in Mauthausen.

Arrived in Mauthausen : 151 Czech (some pregnant or with their children) gased in the gas-room in October 1942. January 1943 and September 1944 - 189 soviets arrived in November 1943.

4 Italians, 3 Russians and Yugoslavs and one Hungarian are registered « disappeared » in January 1944

59 from Ravensbruck on the 15th of September 1944.

Its only from that day that registration numbers were given in order of arrival from number 1.

At the end of April 1945 the last number given was 3.077. Other women also arrived in camp during the period and never received a number : the one coming from Warsaw immediately transferred, the one who arrived in the last days of the camp existence, without taking in account dead during transportation or immediately executed.

(Page ci-contre : photos du colonel Seibel, U.S. Army.)
(Opposite page : photo of Colonel Seibel U.S. Army.).

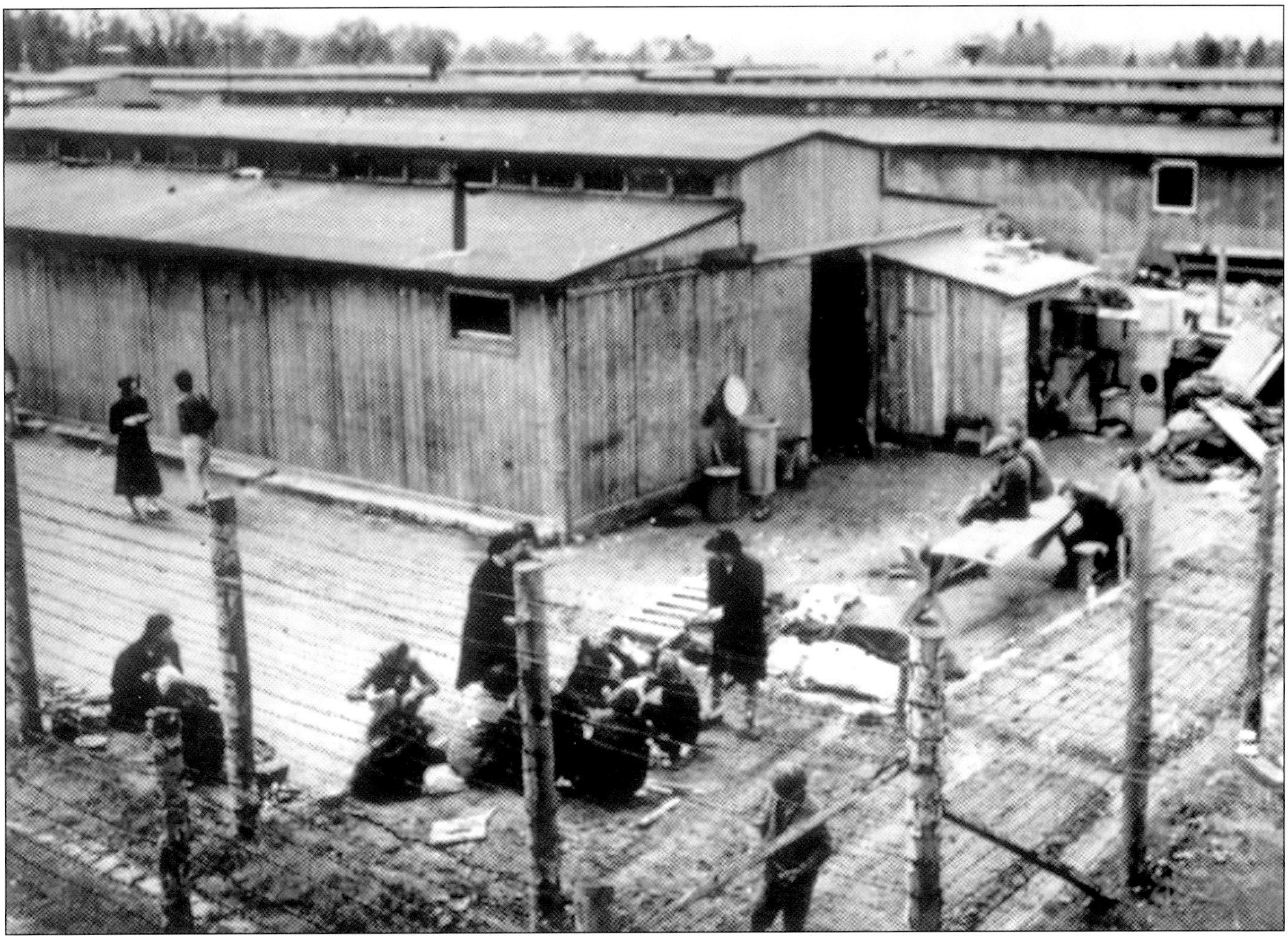

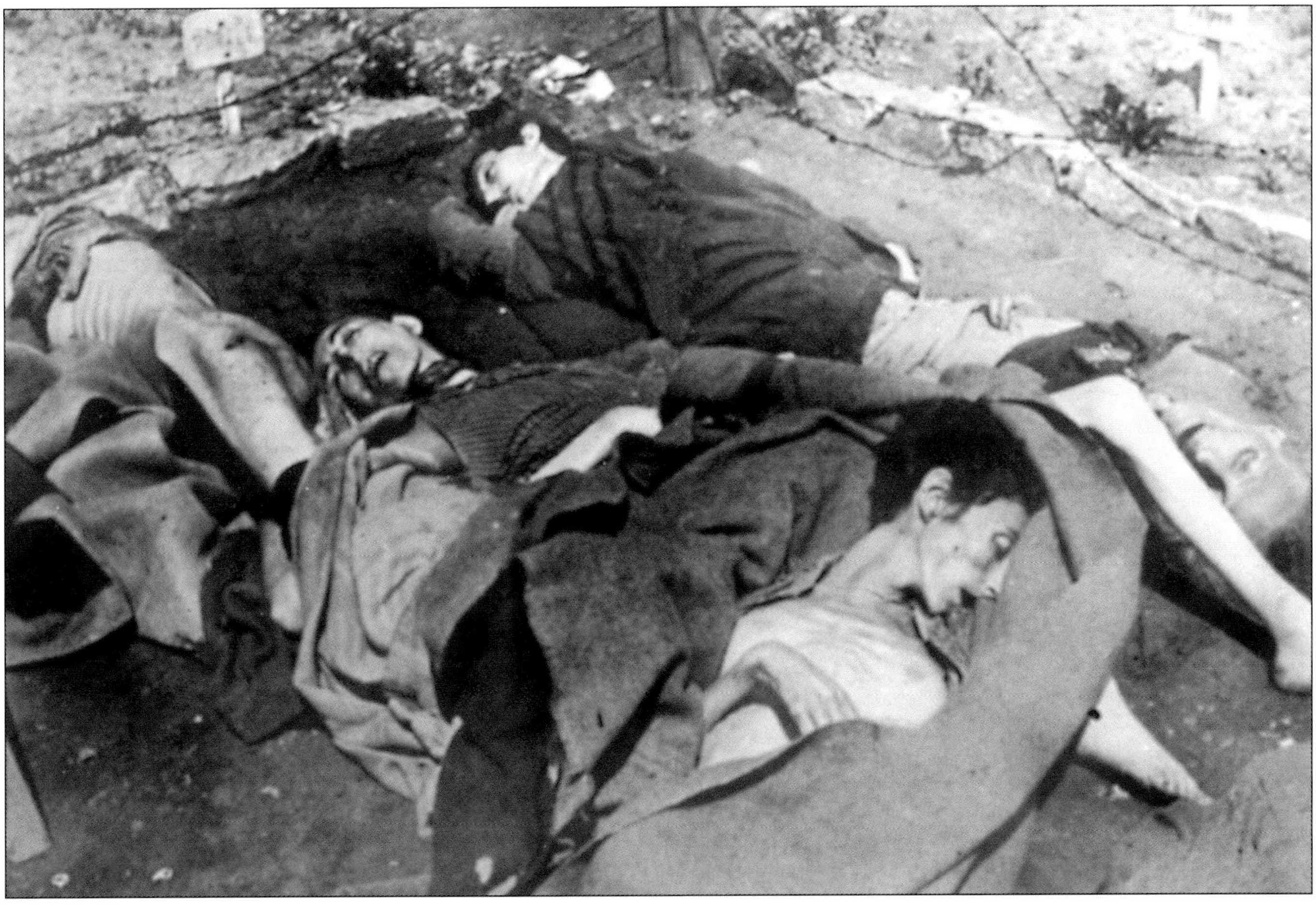

Salle de douche du camp de Mauthausen. (Photographie prise après la libération du camp.)

The showers in Mauthausen camp. (Photo taken after Liberation.)

Les cuisines du camp de Mauthausen. Date inconnue. (*)

Kitchen in camp .Date unknown.

Les installations du « bunker »

Le « bunker » ou prison fut le seul bâtiment d'origine entièrement bâti en dur. Contrairement à cette appellation, il n'a jamais servi d'abri mais fut uniquement un enfer de cruauté, de souffrances et d'horreur.

Les cachots étroits, entourés de murs épais, dans lesquels on enfermait les condamnés ou futures victimes ressemblent à des tombeaux. La cour intérieure fut tout à la fois le lieu d'attente angoissée avant la torture ou la mort et le terrain secret d'assassinats monstrueux.

Dans les sous-sols de ce bâtiment, il existe, à côté de la morgue pouvant contenir 600 corps, un crématoire qui a fonctionné de 1941 jusqu'au 3 mai 1945, sans interruption. L'autre crématoire à double moufles a fonctionné par intermittence.

Dans une salle voisine subsistent les aménagements qui pouvaient permettre des exécutions plus nombreuses et aussi plus rapides. La mort y était donnée par un coup de pistolet dans la nuque, au moyen d'une toise truquée. Il existait aussi un système de pendaison. Pour beaucoup, c'était la fin des souffrances.

On peut voir également une salle de dissection et sa table de pierre. Ici, on arrachait les dents en or des cadavres avant la crémation. Les peaux marquées de jolis tatouages y étaient découpées pour servir de décoration.

Setting up of the « bunker »

The « bunker » or prison was the only building built right from the beginning in hard stone. Contrary to its name, it has never been used as a shelter but as hell of cruelty, suffering and horror.

Small cells looking like graves surrounded by a thick wall in which prisoners or future victims were locked in. The inside courtyard was at one at the same time a waiting place in anxiety before torture or death, and the place of monstrous murders.

In the underground of the building next to the mortuary with a capacity of six hundred bodies, is a crematorium working non stop from 1941 until the 3rd of may 1945. The other crematorium with double oven was only used from time to time.

In a next room are installations allowing more executions also more rapidly. Death was due to a pistol shot in the neck camouflaged in a false size measure. Hanging was also used. For many it was the end of suffering.

A dissection'room with a stone table can also be seen. There were extracted golden teeth on corpses before cremation. Skin with artistic tattoo were also cut off and used as decoration.

Le « bunker » tel qu'il se présente actuellement.
The « Bunker » as it looks today.

Plan des sous-sols du « bunker ».
Map of the bunker underground.

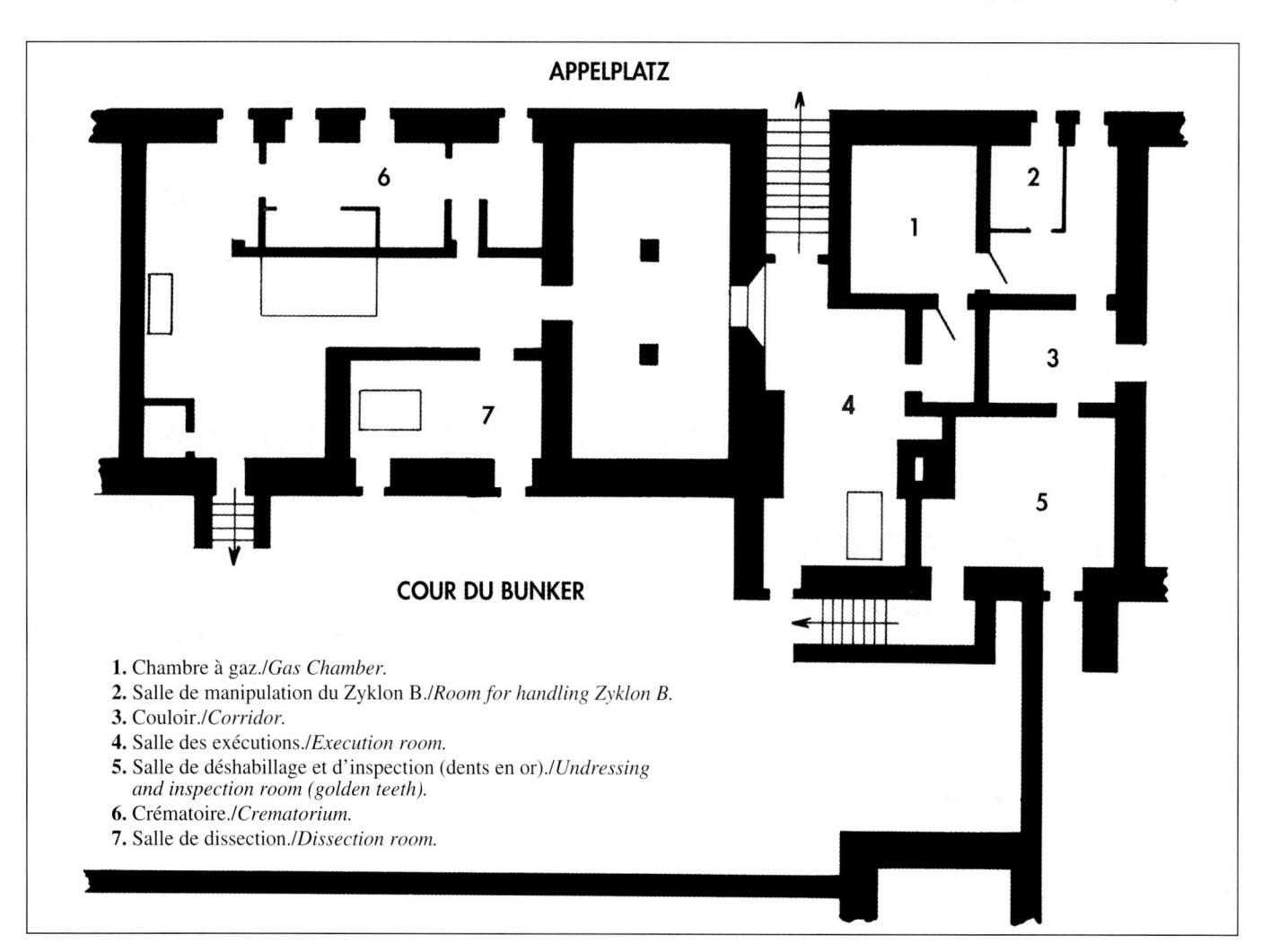

APPELPLATZ

COUR DU BUNKER

1. Chambre à gaz./*Gas Chamber.*
2. Salle de manipulation du Zyklon B./*Room for handling Zyklon B.*
3. Couloir./*Corridor.*
4. Salle des exécutions./*Execution room.*
5. Salle de déshabillage et d'inspection (dents en or)./*Undressing and inspection room (golden teeth).*
6. Crématoire./*Crematorium.*
7. Salle de dissection./*Dissection room.*

A gauche, les deux cheminées des fours crématoires.
Left two chimneys of the Crematorium.

La cour du « bunker » après la libération.
The Bunker courtyard after Liberation..

1 - Le couloir central à l'intérieur de la prison du « Bunker ».

2 - Les fours crématoires à deux moufles au lendemain de la libération du camp.

3 - Plan SS d'un four crématoire. (Archives de Mauthausen - Vienne.)

1 - Central courtyard inside the Bunker.

2 - Crematorium after Liberation.

3 - SS Map of a Crematorium (record of Mauthausen - Vienne)

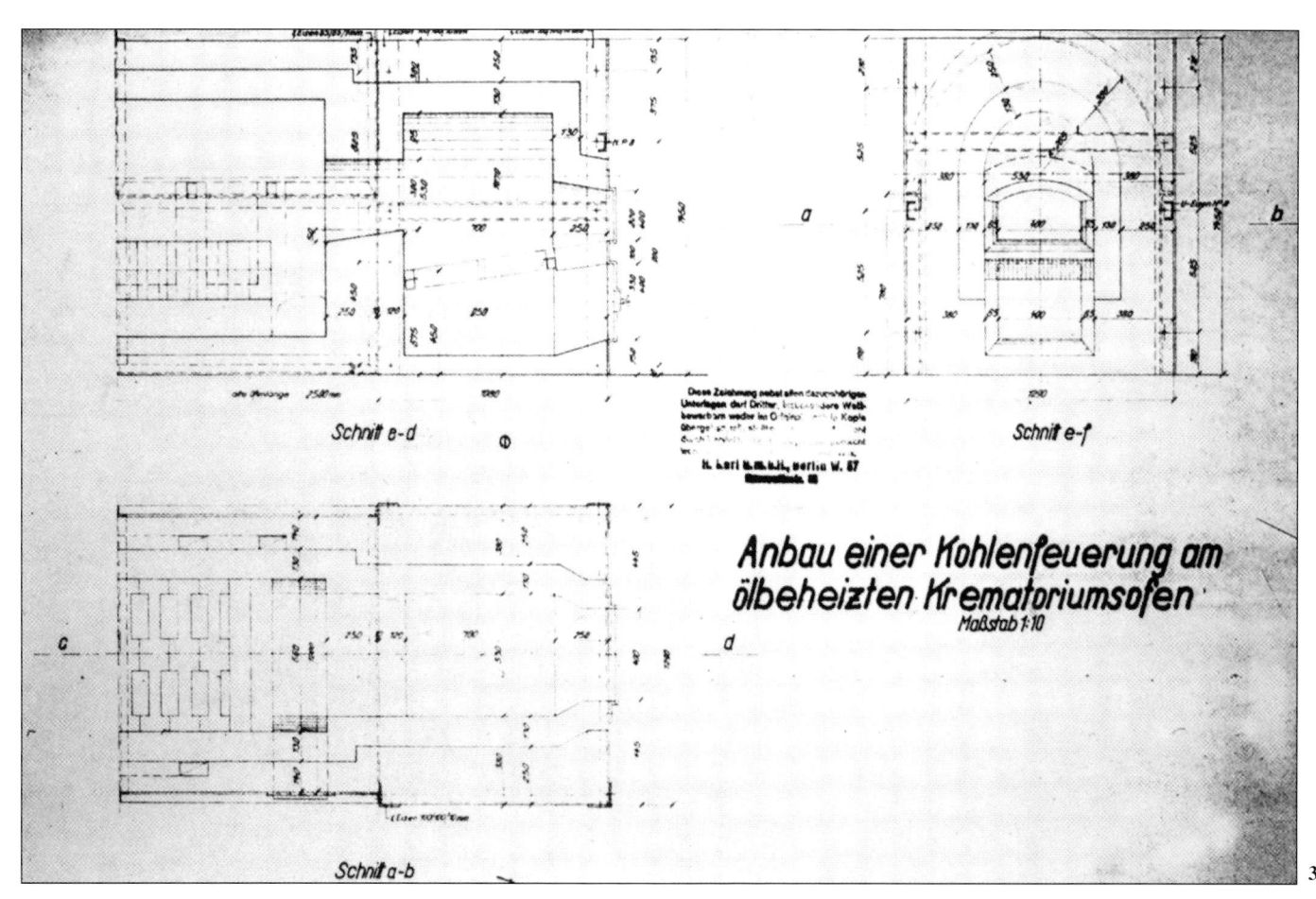

Anbau einer Kohlenfeuerung am
ölbeheizten Krematoriumsofen
Maßstab 1:10

Schnitt e-d

Schnitt e-f

Schnitt a-b

L'escalier donnant accès à la chambre à gaz.
Steps going to the gas chamber.

Etat actuel de la chambre à gaz. Les judas dans les portes permettaient de constater la mort des victimes.
Actual state of the gas chamber. Spy-hole in the door to watch the death of the victims.

▲ Le plafond de la chambre à gaz en état à la libération.
Ceiling of the gas chamber after Liberation.

▼ A la libération, démonstration du fonctionnement de l'appareil à gaz : le Zyklon B est introduit dans le système de ventilation par le lieutenant américain Taylor qui a été lui-même interné à Mauthausen. (Photo US Army.)
Zyklon B is introduced inside the ventilation system by the American Lieutenant Taylor, himself interned in Mauthausen.

1 - La salle et la table de dissection.
2 - L'une des deux fermetures extérieures de chaque porte de la chambre à gaz de Mauthausen.
3 - Trappe de la ventilation des gaz du plafond de la chambre à gaz de Mauthausen.
4 - Réa placé à l'extérieur de la chambre à gaz sur lequel était placé le câble qui actionnait l'ouverture de la trappe d'aération.
5 - Œilleton de surveillance en cuivre de l'une des deux portes de la chambre à gaz.

1 - Room and dissection table.
2 - One of the two shutting on each door of the gas chamber.
3 - Gas ventilation from the ceiling of the gas chamber Mauthausen.
4 - Rea outside the gas chamber on which works a cable for opening the ventilation trap-door.
5 - Brass spy-hole on one of the gas chamber.

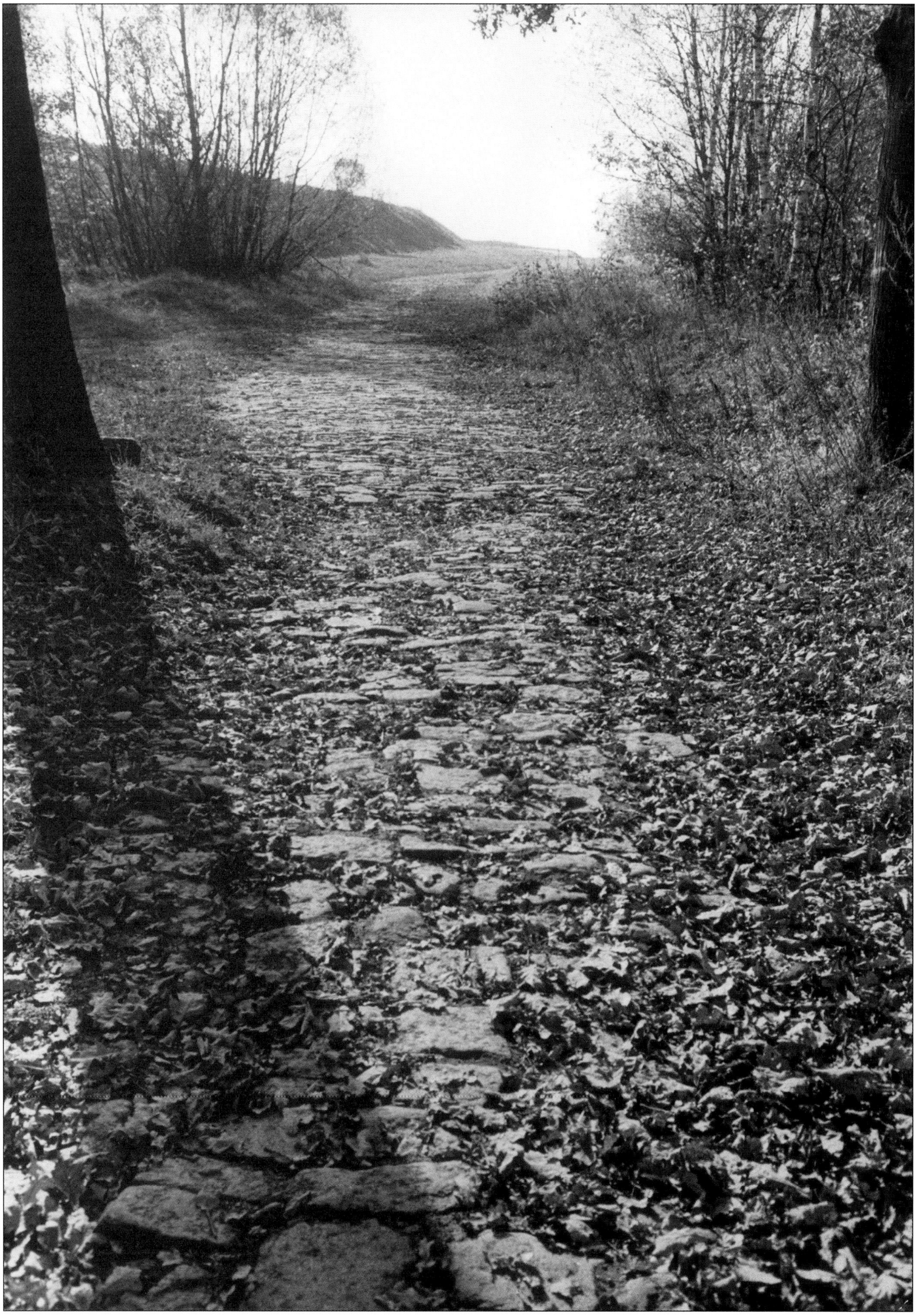

La carrière Wiener Graben

Le chemin
C'est par un long chemin mal empierré qu'au départ du camp les détenus descendaient vers l'escalier des 186 marches. C'est sur ce passage que la tuerie commençait.

L'escalier
L'escalier de la carrière compte 186 marches. Construit par les détenus et plusieurs fois remis en chantier, il représente une accumulation de souffrances et de meurtres qui font que chaque marche a été arrosée de sang humain.

La carrière
La carrière « Wiener Graben » (carrière de Vienne), d'où sont sorties les pierres de la forteresse, faisait partie du camp et lui était rattachée par une enceinte extérieure.

Les 186 marches descendues, une longue journée de travail commençait après l'appel. Les détenus devenaient alors des forçats et la carrière un bagne. Soumis à l'encadrement de gardes-chiourme qui, à chaque instant, détenaient le pouvoir de battre et de tuer, ils étaient condamnés à porter sans relâche des pierres, à les charger, les percer, les tailler ou les arracher à mains nues au bas des éboulis.

La carrière vivait en permanence dans le tumulte de tous les bruits confondus : trépidation des marteaux-piqueurs, halètement des compresseurs, chocs des wagonnets, hurlements des kapos. Ce bagne où nul n'avait le droit de rester immobile ressemblait à une fourmilière humaine. Selon le temps ou la saison, les détenus y peinaient dans la boue ou dans le nuage transparent d'une poussière grise.

Wiener Graben Stone quarry

The path
Prisoners started there way to the 186 steps of a long path badly covered. Slaughters started on this way.

The stair
The stair to the quarry was made of 186 steps. Built by the prisoners and several time rebuilt. It represents an addition of suffering and murders. Each step is covered with human blood.

The quarry
Wiener Graben quarry (Vienna quarry) from which the stones were coming out was entirely part of the camp and linked up with it by an outside fence.

Down the 186 steps, a long day work started after roll call. Prisoners were then real convicts and the quarry a convict prison. Under the control of brutal guards who, at any moment had the permanent power of beating and killing, prisoners were without a break condemned to carry stones, to load them on their back, or to pick them up from the fallen rocks.

The quarry was living in permanent tumultuous noises of all sorts : vibrations of stone-hammers, puff of compressors, knocks of wagon and yelling of « Kapos ». The convict place where no one had the right to stay still looked like a human anthill.

Weather or seasons made prisoners work in mud or in a transparent gray dust.

L'escalier de 186 marches après la libération de Mauthausen.
The 186 steps after the Liberation of Mauthausen.

Les détenus de la compagnie disciplinaire dans l'escalier de 186 marches. Les hommes de cette compagnie étaient plus particulièrement chargés de remonter les pierres taillées au camp. 1941. (*)

Prisoners of the discipline company « straff-kompanie » on the 186 steps. Men of this company were in charge bringing the stones to the camp - 1941.

Vue générale de la carrière : une gigantesque fosse de quatre cents mètres de diamètre ceinturée par des murailles de granit hautes de quarante à soixante mètres. (*)

General view of the stones quarry. An enormous hole of four hundred meter diameter surrounded by granite walls of forty to sixty meters high.

Plan de la carrière reconstitué par l'Espagnol Garcia.
Map of the quarry, re designed by Garcia the Spaniard.

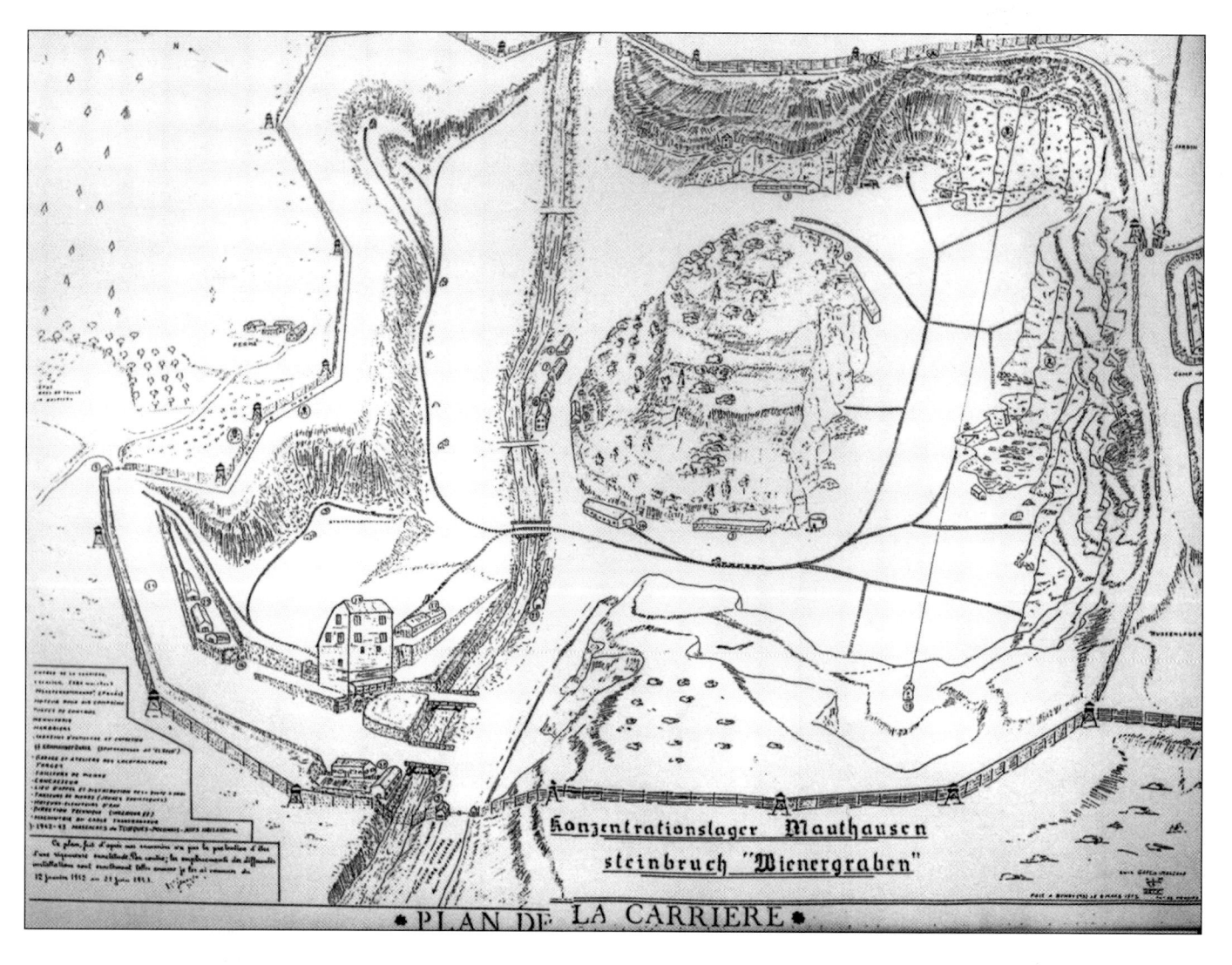

La journée terminée, les détenus remontent au camp une pierre choisie par eux. (*)
The working day ending, prisoners carry back a stone they have chosen.

Les scieurs de pierre à la carrière. Mai 1941. (*)
Stone-sawyers - May 1941.

Le travail dans la carrière : après chaque explosion, les détenus trient les pierres destinées à être taillées. Celles-ci sont ensuite alignées et taillées avant d'être montées au camp par l'escalier de 186 marches. (*)
Work in the quarry. After each explosion, prisoners sort-out the stones to be cut - before being brought to the camp by the 186 steps.

▲ Détenus au travail dans la carrière. 1942. (*)
Prisoners working at the quarry - 1942.

▲ Baraque des tailleurs de pierre. 1941. (*)
Barracks of the stones-cutter. 1941.

▼ La carrière après une explosion. Eté 1941. (*)
The quarry after a blow up. Summer 1941.

▲ Vue générale de la carrière après la libération. Date et origine inconnue.
General view of the quarry after Liberation. Date and origin unknown.

▼ Les pierres de granit sont acheminées sur les bords du Danube pour être chargées sur des péniches. (*)
Granite stones carried along the Danube to be loaded on barges.

Le concasseur de la carrière de Mauthausen en mai 1945.
The pound building of the quarry in may 1945.

Le chemin situé derrière la carrière et qui desservait divers ateliers.
Road behind the quarry for several workshops.

Visite de Himmler à Mauthausen le 31 mai 1941. De gauche à droite : Kaltenbrunner (secrétaire d'Etat à la sécurité du Reich), Zieres (commandant de Mauthausen et de ses camps annexes), Himmler, Eigruber (gouverneur de Linz) et Bachmayer (commandant du K.L. Mauthausen). (*)

Visit of Himler at Mauthausen on the 31st of may 1941. From left to right : Kaltenbrunner, secretary of state to the Reich security- Zieres, Commandant of Mauthausen and surrounding camps - Himmler, Eigruber (Linz Governor) Bachmayer (Commandant of the camp).

Les sévices

A Mauthausen comme dans tous les camps de concentration, le régime fondé sur la terreur s'exprimait d'abord par un ensemble de conditions matérielles destinées à maintenir les êtres humains dans un état d'affaiblissement et de soumission permanente. La nourriture insuffisante et l'entassement des détenus dans les blocks participaient de cette volonté délibérée de soumission.

Que ce soit dans les baraquements, au moment des appels ou sur les chantiers de travail, un détenu vivait en permanence sous la menace des coups. Dans les blocks, les responsables détenaient à tous moments le pouvoir de lui infliger la punition corporelle de leur choix ou de le soumettre, seul ou collectivement, à de redoutables brimades : fouilles, mise à nu, exercices épuisants ou contrôles de toutes sortes indéfiniment prolongés... Au moment des appels qui se déroulaient quel que soit le temps à l'extérieur et qui, souvent, duraient plusieurs heures à la fin de la journée, un chef de block, aux aguets du moindre mouvement défendu, pouvait subitement se précipiter sur lui et l'assommer sur place.

Sur le chantier, un kapo qui jugeait le travail trop lent pouvait à tout instant le rouer de coups. Sous les prétextes les plus futiles ou même sans justification, il pouvait également être battu à mort par les SS ou les tueurs en place, sans que jamais pareil assassinat soit qualifié de crime.

Les punitions étaient de pratique courante et constituaient de véritables tortures. La plus répandue était la bastonnade : accroupi sur un chevalet spécial ou sur un simple tabouret, le détenu devait à chaque fois compter lui-même le nombre de coups qui s'élevait au minimum à vingt-cinq. Les coups appliqués selon les cas par un SS ou un autre détenu étaient donnés sur le bas des reins avec un bâton, une matraque, ou un nerf de boeuf ; ils provoquaient une douleur croissante avec les chairs mises à vif.

Une autre punition en usage était la pendaison : l'homme pendu par les poignets liés derrière le dos était maintenu à quelques centimètres du sol pendant au moins trois quarts d'heure.

A ces punitions habituelles s'en ajoutaient d'autres, multiples et variées, que l'imagination des SS ou de leurs sbires se plaisait à inventer. Toutes avaient pour but de faire souffrir et d'humilier terriblement les détenus qui en étaient victimes.

Il existait également des punitions collectives, destinées tout à la fois à réprimer et à dissuader toute tentative d'évasion ou tous agissements considérés comme actes de sabotage ou de rébellion. Elles revêtaient des formes diverses : séances de gymnastique forcée, accélération infernale des cadences de travail, position figée au garde à vous pendant des heures... Elles pouvaient, selon les cas, s'appliquer à l'ensemble des détenus d'un même block, d'un même kommando de travail et aussi d'un même camp. Organisées de façon spectaculaire, elles étaient poussées aux extrêmes limites de l'endurance humaine et jusqu'à ce que des hommes s'écroulent sous le fardeau ou la rigueur de l'épreuve.

Tout cet ensemble de mesures répressives, imposé par la force brutale d'un encadrement inhumain, avait pour objet de maintenir un sentiment d'impuissance chez les détenus affamés et physiquement affaiblis, et auxquels les SS voulaient enlever tout esprit de résistance.

Acts of cruelty

In Mauthausen like in all other concentration camps, the regime was based on terror, first with materials conditions created to maintain human beings in a permanent state of weakness and permanent allegiance. Insufficient food and prisoners crowding together in the « blocks » was obviously part of this deliberate will of submission.

Whether inside the barrack on roll-call time or at work, prisoners lived under the permanent risk of blows. Inside the blocks, persons responsible, had the power at any moment, and at their own choice to punish or to submit prisoners alone or collectively to dreadful punishments : search, undressing, exhausting exercises or all sorts of inspections indefinitely protracted. On roll-call time which took place whatever the weather was and often lasted several hours at the end of the day, a block' chief looking for the slightest movement, could suddenly jump on the prisoner and knocking him out on the spot.

On the working-yard, a « kapo » judging the work too slow, could at any moment thrash the prisoner. Under any futile reasons and even without reason one could be beaten to death by the SS or by any of their killers, and never such a murder would be qualified of crime.

Punishment was a normal thing and consisted in real tortures, the most usual was the thrashing : crouched on a special stand or a simple chair, the prisoner had to count himself the numbers of strokes, a minimum of twenty five. The strokes given either by an SS or another prisoner on the bottom of the back with either a stick, a truncheon, or a beef hernia. Pain was growing and skin bloody and finally cut.

Another punishment was hanging. The man hanged by the wrists attached behind his back, was left a few centimeter above the ground for at least three quarter of an hour.

To these usual punishments were added several other ways invented or imagined by the SS or their « devoted » servants. All had one aim, humiliation and pain for victim prisoners.

Common punishment also existed to dissuade or punish any escape or any action considered as sabotage or revolt. Variety of actions : gym under high speed, speed on work, or hours of standing to attention. As the case may be, these punishments could be for all the prisoners from the same block, from the same working kommando team, and also from the same camp.. Organized on a spectacular way, these operations were pushed to extreme limit beyond human endurance, until men felt down.

All these repressive measures imposed by the brutal force of inhuman supervisors, had in fact one aim : maintain this powerless feeling with the starving and physically weakened prisoners, wished by the SS to take off all resistance spirit.

Eté 1941 : désinfection générale du camp sous le prétexte d'une épidémie de typhus. (*)
Summer 1941 : General desinfection of the camp under the pretext of a typhus epidemic.

Les détenus sont parqués dans la cour des garages SS en attendant que le camp soit désinfecté. (*)
Prisoners are parked in the SS garage court yard awaiting the camp desinfection.

« Suicide » dans les barbelés électrifiés derrière le block numéro 5. Hiver 1941. (*)
« Suicide » in the electrified barbed-wire behind « block number 5. Winter 1941.

Détenus juifs poussés dans les barbelés électrifiés. 1941. (*)

Jews prisoners pushed against the electrified barbed-wires. 1941.

Deux détenus abattus pour « tentative de fuite ». (*)
Two prisoners killed for trying an escape.

Polonais fusillés sur le bord du chemin. 1941. (*)
Pole killed on the side of the foot-path - 1941.

Deux jeunes Hollandais abattus sur le chemin de la carrière. 1941. (*)
Two young Dutch killed on the way to the stone quarry - 1941.

Détenu hollandais exécuté sur le chemin de la carrière. 1942. (*)
Dutch prisoner executed on the way to the stone-quarry - 1942.

▼ Juif français fusillé dans le petit bois situé derrière le camp des malades. Printemps 1943. (*)
French Jews killed in the small wood behind the sick' camp - Spring 1943.

Détenu exécuté près du chemin de la carrière. Date inconnue. (*)
Prisoner executed near the path tot the stone quarry. Date unknown.

Détenu abattu pour « tentative d'évasion ». Date inconnue. (*)
Prisoner shot trying to escape. Date unknown.

Détenu polonais exécuté sur le chemin de la carrière. Eté 1942. (*)
Polish prisoner executed on the way to the stone quarry. Summer 1942.

▲ Détenu hollandais abattu au sommet de la carrière. Hiver 1941. (*)
Dutch prisoner killed on top of the stone carry - Winter 1941.

▼ Détenu hollandais exécuté. Hiver 1941. (*)
Dutch prisoner executed - Winter 1941.

Détenus abattus dans la neige. Date inconnue. (*)
Prisoners shot in the snow - Date unknown.

Massacre des Tchèques après l'attentat contre Heydrich, le chef du SD, à Prague en 1942.

Slaughter of the Czech after the attempt against Heydrich, head of the SD at Prague in 1942.

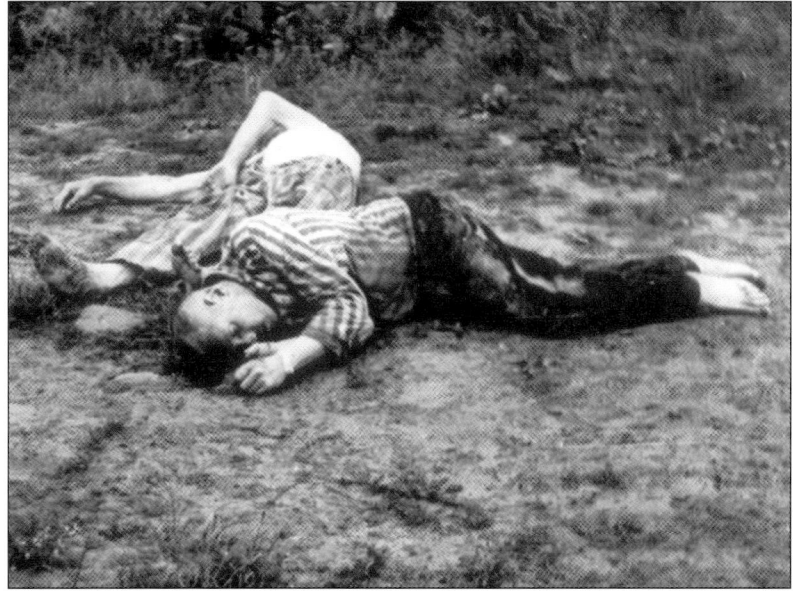

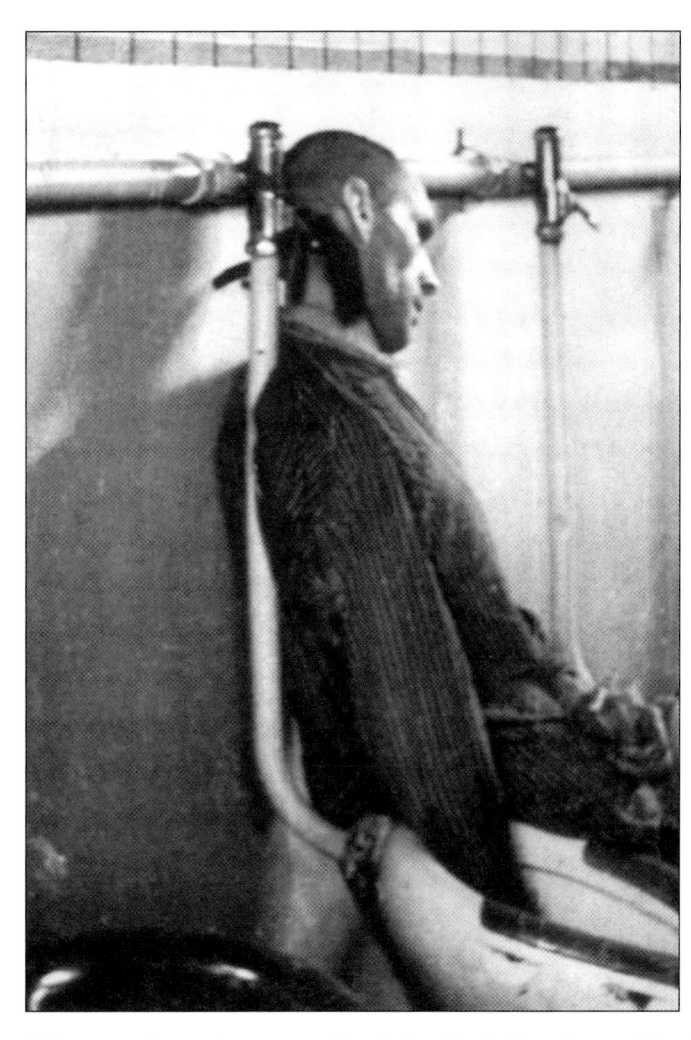

Détenus pendus par les responsables de leur block. L'un d'eux a été exécuté avec la ficelle qui servait à tenir son pantalon. Version officielle de leur mort : « suicide ». (*)

Prisoners hanged by the block responsible - one of them has been executed with the string holding his trousers. Officially they « committed suicide ».

Jeune Polonais pendu en janvier 1944 pour sabotage. (*)
Young Polish hanged in January 1944 for sabotage.

▲ Le 30 juillet 1942, après avoir tenté de s'évader dans une caisse, le détenu Hans Bonarewitz est ramené au camp pour être pendu devant ses compagnons d'infortune. (*)
On the 30th of July 1942 after trying to escape in a box, the prisoner Hans Bonarewitz is brought back to the camp to be hanged in front of his unfortunate companions.

▼ Précédés par un orchestre, deux détenus tirent le chariot sur lequel les gardes SS hilares ont placé Bonarewitz et sa caisse. (*)
Behind an orchestra, a couple of prisoners pull the truck on which the laughing SS guards have put Bonarewitz and his box.

▲ L'orchestre conduit le supplicié vers la mort. (*)
The orchestra leads the condemned man to this death.

▼ Le cortège passe devant les détenus rassemblés pour assister à la pendaison. (*)
The procession in front of the prisoner call to see the hanging.

L'évasion du block 20

Dans la nuit du 2 au 3 février 1945 se produisit un événement extraordinaire : l'évasion collective des détenus du block 20. Dans ce bâtiment, de même dimension que les autres, étaient entassés dans des conditions effroyables près de 1 000 officiers, presque tous soviétiques. Soumis à de terribles brimades de jour et de nuit, leur nourriture réduite à des rations de famine, ils étaient voués à une mort certaine. C'est dans ces conditions que plusieurs centaines d'entre eux, parmi les moins affaiblis, organisèrent une évasion en exécutant le chef et les responsables de leur block avant de s'attaquer aux sentinelles SS en poste sur les miradors. D'après un rapport de la police criminelle de Linz, 419 détenus seraient ainsi parvenus à franchir la limite extérieure du camp.

La répression organisée dès le lendemain sera terrible : les occupants du block 20 qui, trop affaiblis, n'ont pas pu participer à l'opération, sont rageusement exterminés. Pendant trois jours, une terrible chasse à l'homme est menée à laquelle la population, y compris les enfants, est appelée par radio à participer. La plupart des évadés, mal vêtus, pieds nus et affamés ne connaîtront pas longtemps la liberté. Beaucoup tomberont d'épuisement avant d'être repris. Les autres seront massacrés isolément ou en groupes, le plus souvent sur place. Une dizaine d'hommes parviendra néanmoins à retrouver le chemin du salut...

Escape form block 20

An extraordinary event happened during the night of the 2nd to the 3rd of February 1945. A joint escape of the prisoners of the block 20. In this building of same size than the others, were piled up in frightful conditions, nearly 1000 officers almost all Soviets.

Under awful bullying, night and day, with starving ration, there were fated to death. It is in these conditions that several hundreds of them, among the less weak, organized and escape killing the chief of block and his assistant before attacking the SS sentries posted on the watch-tower. The report of the Linz criminal police mention that 419 prisoners managed to jump over the outside limit of the camp.

The repression organized the next morning was terrible. Prisoners of block 20, too weak to take part in the operation were all furiously exterminated. During three days, a men-hunting is organized to which the civilian population including children has to take part, called by local radio. Most of the escaped badly dressed, bare footed, starving, will not enjoy freedom for long. Many will fall of exhaustion before being caught again. The others are killed in group or alone. Most of the time on the spot. About ten of them will however find their way to freedom.

Le mur extérieur du côté est du block 20 après l'évasion des détenus. (*)

The outside wall east side of block 20 after the escape.

Deux survivants de l'évasion : à gauche Ivan Baklanov ; photographié devant la porcherie où il passait ses nuits et se nourrissait dans l'auge des cochons, à droite l'ancien capitaine aviateur Vassiljevic Bitukov. (Archives de Vienne.)

Two survival of the escape. Left : Ivan Baklanov photographed in front of the pigsty where he spent his nights and shared the pigs aliments. Right, ex-Captain pilot Vassilijevic Bitukov (Vienna' records.)

Détenus abattus après l'évasion. Ces deux clichés ont été retrouvés par les Américains sur un participant à la chasse à l'homme organisée par les SS et à laquelle ont participé des civils autrichiens que l'on aperçoit à droite sur la photo du haut.

Prisoners shot after the escape. These two photos have been taken by the Americans, on one of the members of the men-hunting organised by the SS with participation of Austrian civilians seen right on the top photo.

69

Chronologie de la Libération des camps de Mauthausen et Gusen en mai 1945

Du 18 avril au 28 avril 1945, la Croix Rouge Internationale évacue en priorité 756 femmes : françaises, belges, hollandaises, puis les hommes de ces nationalités en majorité, en 3 transports de camions vers la Suisse.

Le 28 avril 1945, la majorité des détenus français et belges valides de Gusen remontent à pied vers le camp central de Mauthausen. Peut être en vue d'une nouvelle évacuation. Le témoin, Serge Choumoff, est parmi eux. Le délégué de la Croix Rouge, Louis Haeflinger, était resté à Mauthausen.

Le 29 avril 1945, la constitution d'un Comité clandestin des détenus du camp central. Plusieurs réunions à partir de cette date.

Le 30 avril 1945. Le suicide de Hitler à Berlin.

Le 1er mai 1945, le Gouverneur de la Haute-Autriche, Eigruber, déclare à la radio « notre ennemi mortel se trouve à l'Est ».

Le 2 mai 1945, les détenus des crématoires de Mauthausen (3) et de Gusen (8) sont liquidés par balles. Neuf détenus de Mauthausen se sont cachés dans le camp des malades pour échapper au massacre.

Nuit du 2 au 3 mai 1945, toute la troupe SS quitte, dans la nuit, le camp central, habillée en civil. Elle est remplacée à la garde du camp par la police des pompiers de Vienne et des unités auxiliaires (Volkssturm). Le nouveau responsable du camp est le Dr Durmayer qui obtient que la nouvelle garde ne pénètre pas dans l'enceinte des camps de Mauthausen et Gusen.

Le 4 mai 1945, dans les camps, les pillages et règlements de compte commencent. Les détenus se placent par nationalité et nomment leurs délégués responsables de l'ordre du camp.

Le 5 mai 1945, vers midi, le Docteur Benech, médecin au camp des malades aperçoit une auto blanche et un civil qui agite un drapeau blanc, suivi par deux engins blindés américains. C'est la section de troupe D, du 41e escadron de cavalerie mécanisée de la 11e division (3e Armée), commandée par le sergent-chef Albert J. Kosiek, lequel arrive jusqu'à la porte du camp des détenus, qui s'ouvre sous les vivats des détenus enfin libres ! L'autre engin blindé sous les ordres du sergent US Saunders entre dans les garages SS, il est également accueilli en libérateur. Après avoir désarmé tous les gardes, ils repartent avec leurs prisonniers. Après leur départ, des détenus s'arment dans la crainte d'un retour éventuel des SS.

Chronology of the liberation of Mauthausen and Gusen camps in Mai 1945

From the 18 to the 28th of Apris 1945, the International Red Cross evacuates in priority 756 women : French, Belgian, Dutch, the men in majority with the same nationality, in three lorries transport towards Switzerland.

On the 28th of April 1945, the majority of French and Belgian able-bodied prisoners walk up back to the central camp of Mauthausen, may be for a new evacuation. The witness Serge Choumoff is amongst them. The red-cross delegate Louis Heflinjer has stayed in Mauthausen.

On the 29th of April 1945 is created a clandestine committee of the central camp. Several meetings from his date onward.

30th of April 1945, Eigruber, High Austria Governor, doclares on the radio "our mortal enemy is in the East".

On the 1st of May, Eigruber, High-Austria Governor, declares on the radio "our mortal enemy is in the East".

On the 2nd of May 1945, prisoners of the Mauthausen crematorium (3) and Gusen (8) are eliminated by bullet. To escape killing, nine prisoners of Mauthausen hide themselves in the sick' camp. During the night 2nd to 3rd of May 1945, the whole SS troop leaves the central camp dressed up in plain clothes. The police, the fire brigade form Vienna and auxiliaires units (Volksturm) takes the place of this troop as the new camp guard. The new head of the camp is Dr H. Durmayer who managed not to let the new guard coming inside of the Gusen and Mauthausen camps.

4th of May 1945, looting and settling hash start in the camp. Prisoners set up national groups and elect their delegate responsable for maintaining order in the camp.

On the 5th of May 1945 around midday Doctor Benech, in charge of the sick camp catches sight of a white car and a civilian waving a white flag, followed by two American armoured car. It is section D of the 41 mechanised squadron from the 11th division (3rd army) - in command staff-sergeant Albert J. Kosiek - who arrives in front of the main door of the camp which opened under the applause of the prisoners at long last free. The other armoured car commanded by US sergeant Saunders enters in the SS garage greeted as liberators. After disarming the guards, they go back with their prisoners. Once they leave, prisoners pick up weapons in case of the eventual return of the SS.

Entrée du premier blindé de reconnaissance américain dans la cour des garages SS. A gauche une automobile peinte en blanc appartenant au délégué de la Croix Rouge internationale. (Photo de l'Espagnol Boix.)

The first American reconnaissance tank entering into the courtyard of the SS ' garages. On the left, a vehicle painted in white, belonging to the delegate of the « International Red cross » (photo of the Spanish Boix).

En médaillon : le s/Sgt. Albert J. Kosiek, qui commandait le détachement.

Medallion : S/St Albert J. Kosiek, who commended the reconnaissance.

1 - La patrouille du sergent Sanders acclamée par les détenus libérés. (Photo Boix.)
2 - Le sergent Sanders sort de son véhicule.
3 - Le sergent Sanders est arrivé en haut des marches ; il parlemente avec le chef de la police des pompiers de Vienne.

1 - The patrol of Sergeant Sanders applauded by the Liberation prisoners.
2 - Sergeant Sanders coming out his vehicle.
3 - Sergeant Sanders arriving at the top of the steps : he negotiates with the chief of the firemen' police from Vienna.

Le 5 mai, les troupes américaines arrivent au camp de Mauthausen.

On the 5th of May, the American troops are back in Mauthausen.

Un groupe de détenus libérés prépare la destruction du symbole nazi. Photo du 5 mai 1945. L'auteur peut être : un soldat U.S. ou le chauffeur d'Haeflinger ou lui-même.

A group of liberated prisoners preparing the destruction of the nazi symbol. Photo of the 5th of May 1945. The author can be either a US soldier or Haeflinger' driver or Haeflinger himself.

72

Les détenus soviétiques du block des invalides remontent au camp voir les Américains. (US Army.)
The soviet internees from the disabled block, going back to the camp to see the Americans. (US Army.)

L'aigle nazi surmontant la porte d'entrée des garages est abattu.

The nazi eagle on top of the entrance door of the garages is pulled down.

La foule des détenus libérés. (Photo Boix.)
The crowd of the liberated prisoners. (Photo Boix.)

6 mai

Les armes des détenus libérés sont récupérés par les Américains, le 6 mai à 18 heures, et chargées dans trois camions bâchés sous les ordres du lieutenant Touzet.

6 May

Weapons of the liberated prisoners are collected by the Americans, the 6th of May at 6.00 p.m. and then, under Lieutenant Touzet' command, loaded in three canvas covered lorries.

Après la libération
Les 6 et 7 mai 1945

Le 6 mai, des combats ont lieu avec les SS qui veulent repasser le Danube. Les groupes de l'Appareil Militaire International les en empêchent. Pendant ces actions, un républicain espagnol de l'A.M.I. est tué, plusieurs autres sont blessés. Le même jour, les Américains reviennent et occupent définitivement le camp. Le Comité International et l'A.M.I. continuent d'y jouer un rôle déterminant. Il s'agit maintenant de maintenir l'ordre et une certaine discipline dans une foule d'affamés. Grâce aux réserves gardées jour et nuit dans les magasins du camp ou aux vivres trouvés dans une péniche, une nourriture diététique correspondant à l'état physique des survivants est préparée avec les médecins. Malheureusement, malgré tous les efforts, un grand nombre d'entre eux continueront encore à mourir et ne reverront pas leur pays.

Dans les jours qui suivent, et parmi d'innombrables activités, le Comité International participe aux différents contacts internationaux pour organiser les rapatriements qui s'échelonneront sur plusieurs semaines.

After the liberation
The 6 and 7 May 1945

On the 6th of may, combats take place against the SS who wanted to cross the Danube. Groups of the « International Military Organization » stop them. During these actions, one Spanish member of the organization is killed and some others are wounded. On the same day, the American are back and definitely take up the camp. The International Committee and A.M.I. carry on and play an important part. One must keep a certain order and discipline among a starving crowd. Thanks to the reserves guarded night and day in the camp, and food find in a barge. health food can be prepared with the doctors, fitting with the physical situation of the survivors. Unfortunately, a large number of them will die and will never see their country again.

In the following days and among many of the activities, the International committee participate to different international contacts to repatriate the prisoners . This will take several weeks.

Un blindé de reconnaissance américain pénètre dans le camp sous les vivats des survivants en liesse.

American reconnaissance tank entering the camp under the cheers of the rejoicing survivors.

Les détenus acclament leurs libérateurs le 7 mai 1945. (Photo US Army.)

Prisoners cheers their liberators- 7 May 1945. (Photo US Army.)

Le colonel Seibel entre dans le camp pour la première fois. (US Army.)
Colonel Seibel coming into the camp for the first time. (US Army.)

▲ Au-dessous du camp, quelques jours après la libération, l'endroit où ont été déposées les cendres du crématoire est encore fumant. Mai 1945. (Photo Boix.)

Underneath the camp few days after Liberation, the place where ashes of the crematorium were left, is still smoking. (Photo Boix).

▼ Après la Libération, les morts sont entassés dans la cour du bunker, près des crématoires. A gauche, l'Espagnol Boix, avec son appareil. (Photo : Colonel Seibel - US Army.)

After Liberation, the dead are piled up in the courtyard of the bunker, near the crematoriums. On the left, the Spanish Boix with his camera (Photo : colonel Seibel - US Army).

A la joie des survivants succède pour les troupes américaines la découverte de l'horreur. Ici le camp des malades, le « Russenlager », à la libération. (Photo Colonel Seibel, US Army.)

After the cheers of survivals, come for the American troops the vision of horror. Here the sick'camp, « Russenlager » at Liberation (Photo Colonel Seibel, US Army).

▲ Cadavres entassés près d'une baraque de l'infirmerie. Mai 1945.
Piles of corpses near a sanitary barrack - May 1945.

▼ Le commandant Zieries, responsable du camp, vient d'être blessé par les Américains et passé aux aveux sur son lit de mort. (Photo U.S. Army. Mai 1945.)
Head of the camp, Commandant Zieries, has just been wounded by the Americans and asked for confession on his deathbed (Photo US Army - May 1945).

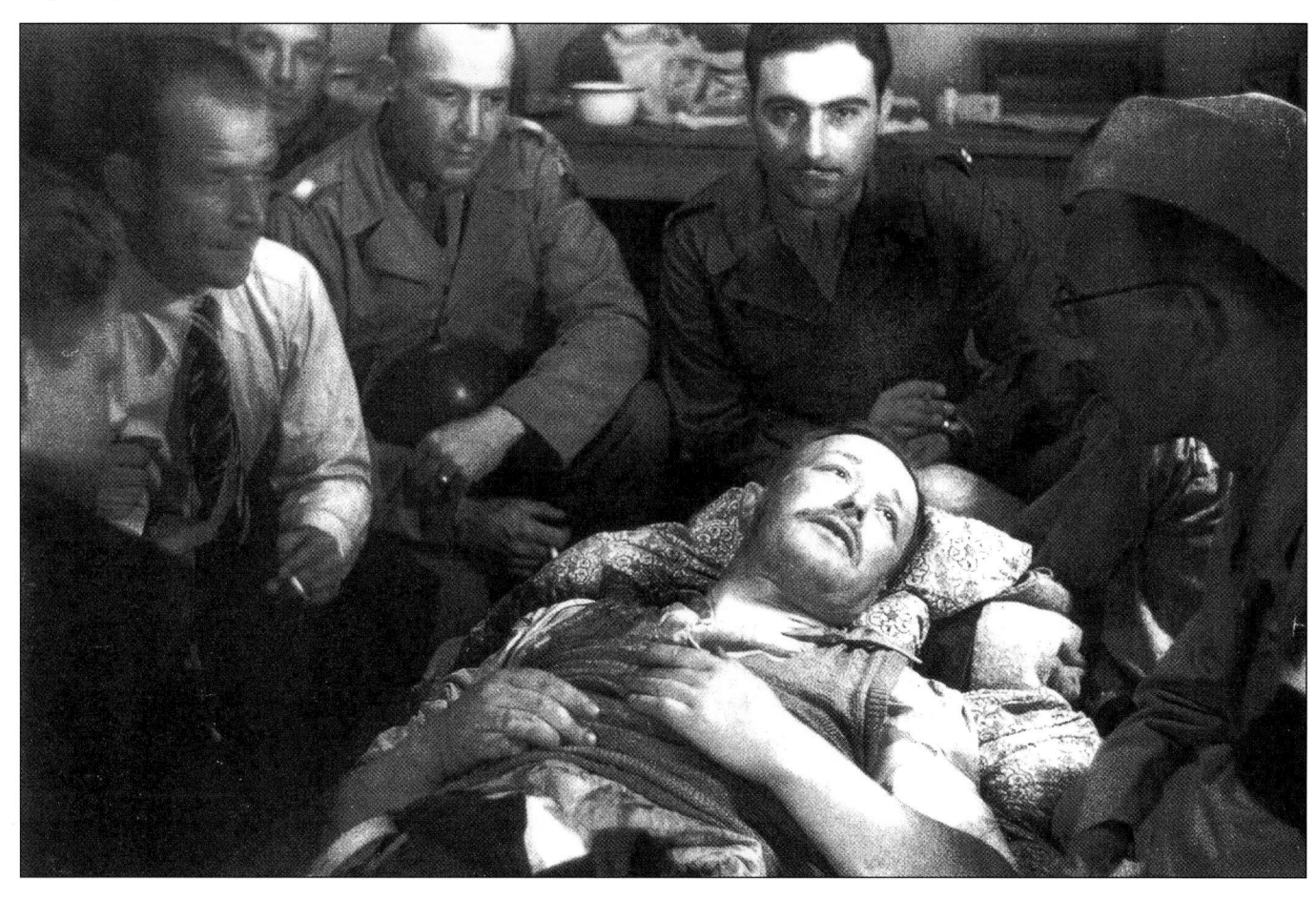

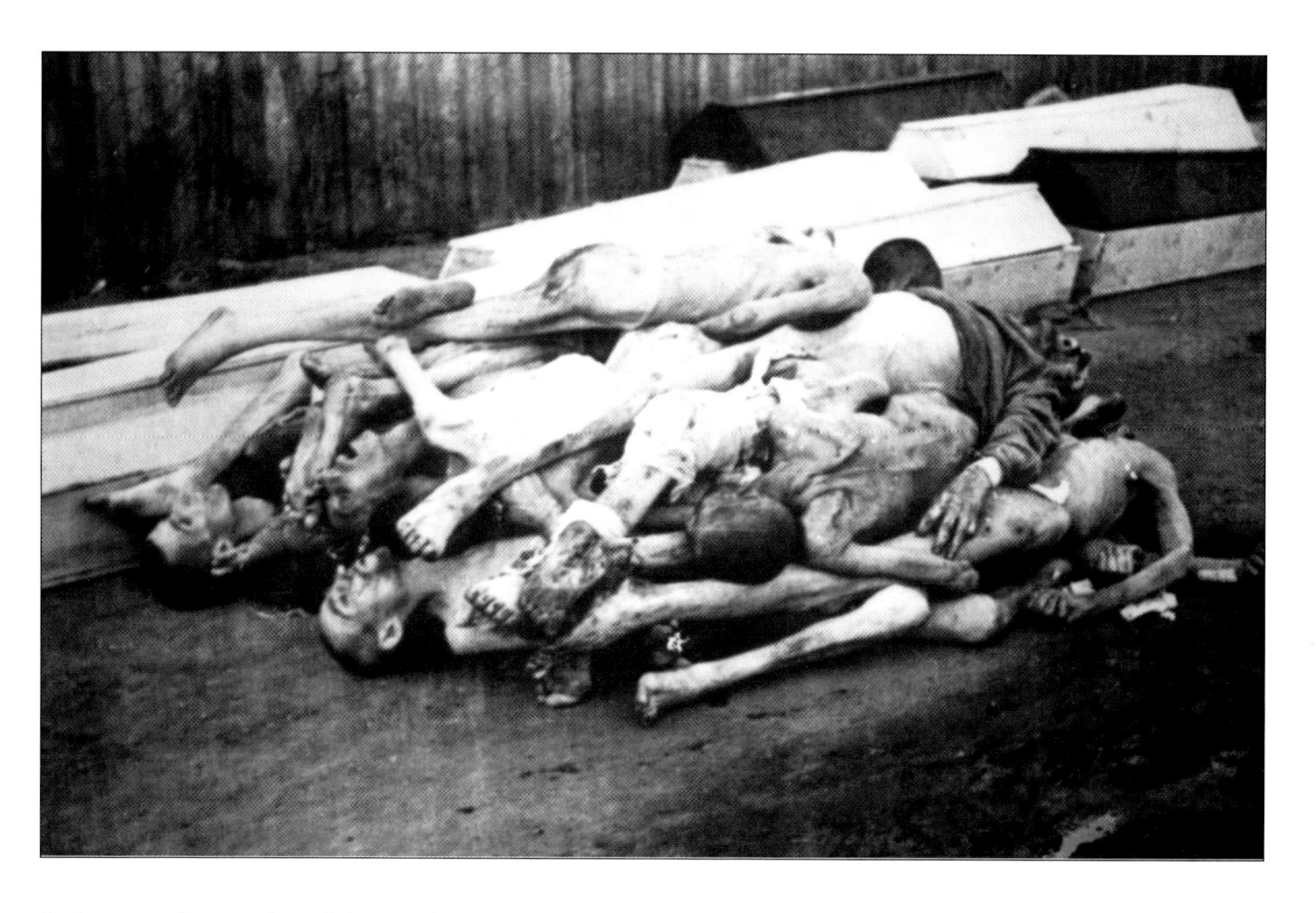

Les bourreaux abattus par leurs victimes survivantes, pour venger les centaines de leurs camarades morts de faim et de coups. Mai 1945. (Photos US Army.)

Torturers shot by their surviving victims out of revenge for the comrades dead of hunger or under the brutalities. May 1945 (Photo US Army).

Les rescapés

La date d'arrivée au camp, l'emploi, le moral, l'entraide, le hasard ou la chance sont autant de facteurs qui ont permis aux rescapés de survivre à l'univers concentrationnaire. Pour eux, la libération sera synonyme de retour vers leurs foyer.

The survivors

Time of arrival, work, moral, mutual help, chance or luck, so many factors allowing survivors to escape the concentration universe. For them Liberation will mean return home.

Le camp des malades au lendemain de la libération. (Photo Seibel, U.S. Army.)

The sick'camp after Liberation.

Les malades de l'infirmerie au soleil le lendemain de leur libération. Mai 1945. (Photo Boix.)

Sick in the sanitary camp in the sun after their Liberation - May 1945.

Des malades en attente d'être hospitalisés. Mai 1945. (Photo Seibel, U.S. Army.)
Awaiting to go to hospital.

Les détenus du camp des malades après qu'ils aient été libérés. (Photo Seibel, U.S. Army.)
Prisoners in the sick'camp after their Liberation.

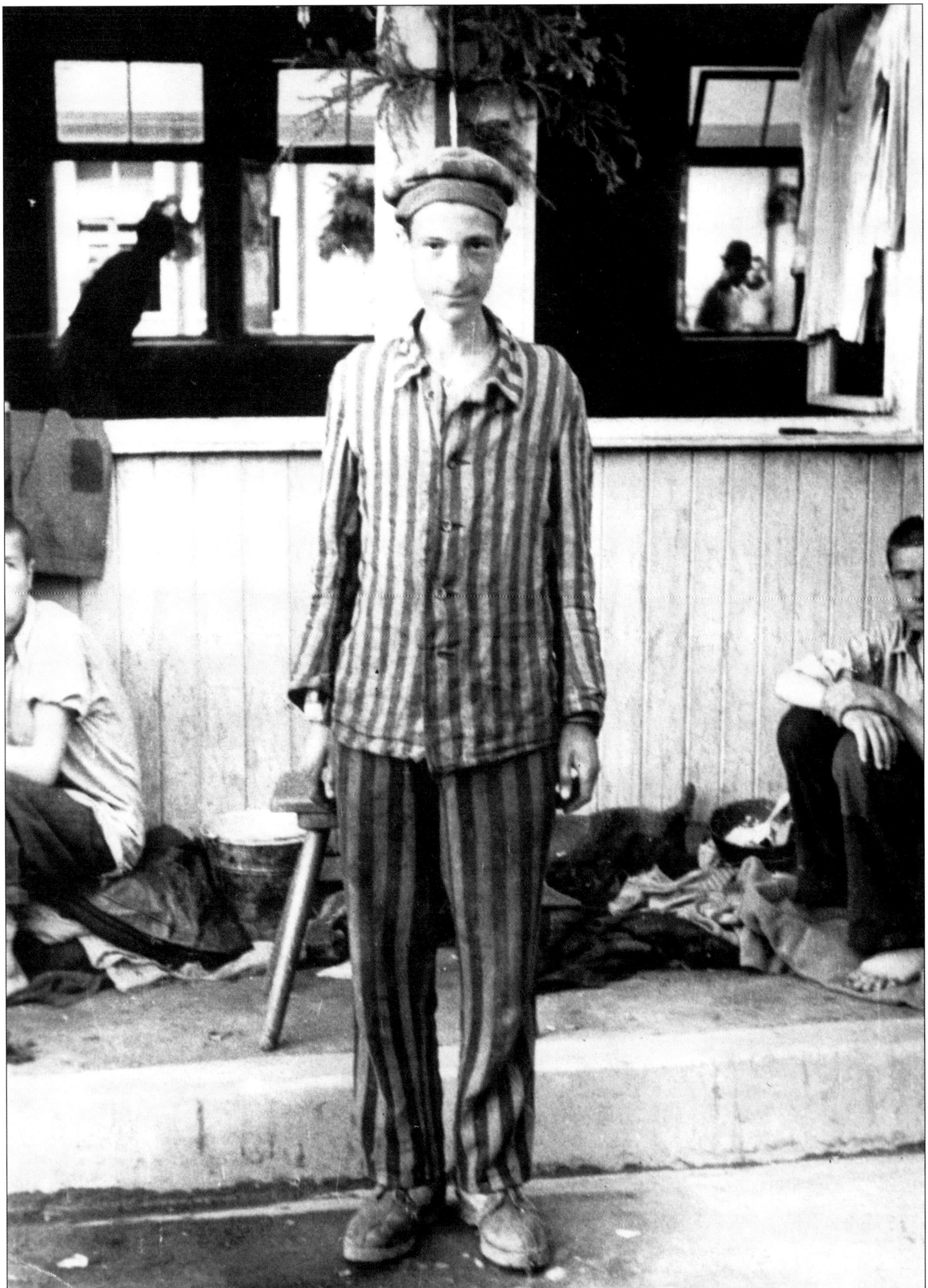
1

1 - Un jeune détenu heureux d'avoir retrouvé la liberté. Mai 1945.
2 - Intérieur d'une baraque du camp des malades à la libération. Mai 1945.
3 - Un soldat soviétique amputé des jambes. Mai 1945. (Photo Boix.)
4 - Un jeune détenu montre ses jambes à un officier américain. Mai 1945.

1 - A young prisoner happy to be free - May 1945.
2 - Inside the sick-camp, after Liberation - May 1945.
3 - A Soviet soldier with amputation of both legs - May 1945.
4 - A young prisoner showing his legs to an American officer - May 1945.

Le dernier massacre des SS : des civils autrichiens exécutés d'une balle dans la tête. Fin avril 1945. (US Army.)

The last slaughter of the SS : Austrians civilians shot by a bullet. End of April 1945 (US Army).

Après avoir été identifiées, les victimes seront ensevelies ou leur dépouille remise aux familles qui en auront fait la demande. Les autres seront rassemblées dans un ossuaire en 1952.

After identification, victims will be buried or sent back to their family who may have asked for it. Others will be assembled in a grave in 1952.

The cemeteries in which were buried the victims after Liberation. Situated on the ex-football ground of the SS, at the bottom of the fortress next to the « Russenlager » which can be seen on the photo on top.

Le cimetière où ont été ensevelies les victimes après la libération. Celui-ci était situé sur l'ancien terrain de football des gardes SS, au pied de la forteresse, à côté du « Russenlager » que l'on aperçoit au fond sur le cliché ci-dessus.

Premiers enfants libérés mais déjà immatriculés. Mauthausen, mai 1945. (Photos Seibel, U.S. Army.)
First children liberated but already registered in Mauthausen - May 1945.

Un groupe de femmes et d'enfants à la libération : dans le regard des survivants, la gratitude envers leurs libérateurs.
A group of women and children during the Liberation. Gratitude can be seen in their look. Repatriated in May 1945.
Le rapatriement des survivants en mai 1945. (Photos Seibel, U.S. Army.)
Repatriation of the survivors in May 1945. (Photo Seibel, U.S. Army.)

LES CAMPS ANNEXES

A côté du camp central situé à Mauthausen, des camps annexes fonctionnaient de façon autonome et lui étaient rattachés.

La fonction de ces camps, tout comme le temps de leur existence, pouvait être variable. Certains n'eurent à accomplir qu'une tâche limitée (construction d'un chemin, déminage d'un terrain, ...) et ne connurent qu'une existence éphémère. D'autres firent souche, essaimèrent aux alentours et prirent de grandes dimensions. Les uns ne comptèrent que quelques centaines de détenus tandis que d'autres en eurent des milliers. Il en fut même dont les effectifs dépassèrent ceux du camp principal. mais tous, bien que placés sous le contrôle du camp central, possédaient leur propre administration et disposaient d'une certaine indépendance.

Le plus grand nombre fut installé à proximité des centres industriels ou des usines de guerre pour y fournir la main-d'œuvre concentrationnaire dont les nazis avaient besoin. les plus importants, édifiés à l'écart des grands ensembles, se tassaient dans le voisinage des immenses chantiers où des usines souterraines furent construites. Dans tous les cas, les détenus y étaient employés sans limitation de temps aux travaux les plus pénibles, les plus insalubres et les plus dangereux.

Le régime intérieur ne fut jamais pleinement uniforme. Il y eut des kommandos qui, de par la nature du travail, le lieu d'implantation, ou le caractère de l'encadrement intérieur, furent moins meurtriers que d'autres. De façon générale, les conditions y étaient pourtant les plus dures.

Tous les grands centres concentrationnaires ont eu des kommandos qui leur étaient rattachés. Leur nombre n'a cessé d'augmenter dans les derniers mois de la guerre. Pour le seul camp de Mauthausen, il en a été recensé près de 70, tous implantés en Autriche, à l'exception de ceux de Loibl-Pass Sud et de Laibach situés en Yougoslavie.

Annex camps

Next to the central camp of Mauthausen, annex camp worked under their own autonomy but were linked up to the central camp.

The function of these camps and their existence was variable. Some had a limited task (building of a road, mine disposal of a ground) and for a short time.

Some rooted and grew to take large dimensions. Some only has a few hundred prisoners while other several thousand.

Some of them with even more prisoner than the central camp, all under the control of the central camp, had their own administration and some independence.

The largest number was set up near industrial centres of war factories to provide the nazis with concentration manpower, away from large population centres but near large yards where underground factories were built. In any case, prisoners were employed without time limit for the most laborious, unhealthy and dangerous works.

The domestic organisation was never the same. Due to the type of work, the location, or inside organisation, some « Kommandos », were less murderous than others. However, generally speaking, the working conditions were the hardest.

All the main concentration centres were linked up with « kommandos ». Their number never ceased to increase during the last months of the war. For the only camp of Mauthausen, almost seventy of them were registered, all in Austria, except for the camps of South Loibl-Pass and Laibach located in Yugoslavia.

GUSEN

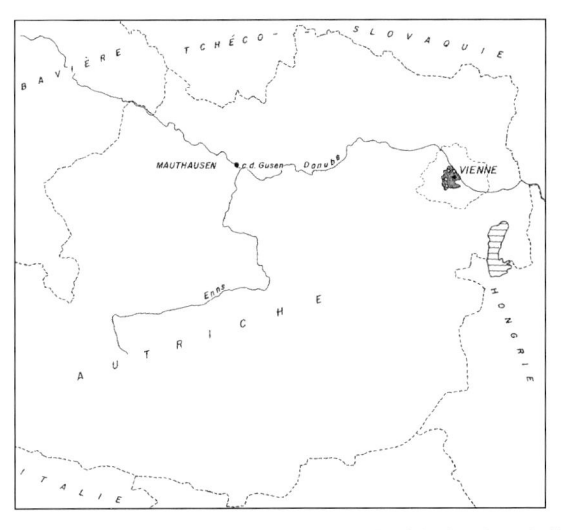

Outre des Allemands et des Autrichiens, le camp de Gusen reçut dès 1940 des milliers de Polonais, de Tchèques, de républicains espagnols et de prisonniers de guerre soviétiques pour l'exploitation des carrières de granit avoisinantes au bénéfice des SS. Avec un encadrement de droits communs (les triangles verts), les conditions de travail étaient si meurtrières que près de 90 % de ces détenus ne purent survivre plus de quelques mois.

En mai 1942 arrivèrent les premiers Belges (en majorité « Nacht und Nebel » destinés à disparaître) ainsi que des Yougoslaves. Au total, trente nationalités y furent représentées, dont environ 2 000 Français et un nombre comparable d'Italiens. A partir de 1943, les détenus y furent massivement utilisés pour l'industrie de guerre du Reich dans les usines installées par les firmes Steyr, Daimler, Puch et Messerschmitt pour la fabrication des pièces de fusils et des moteurs d'avions; En 1944, pour parer aux attaques aériennes, des galeries souterraine abritèrent progressivement des chaînes de montage tandis qu'en mars s'ouvrait une annexe à quelques centaines de mètres, Gusen II. Celle-ci était destinée à recevoir les détenus nécessaires à la réalisation de kilomètres de tunnels (50 000 m2 au total), puis pour la fabrication à l'intérieur d'avions à réaction. Dans le complexe de Mauthausen, c'est cet ensemble des deux Gusen qui eut finalement la densité concentrationnaire la plus élevée avec 26 000 détenus en février 1945 et Gusen II qui eut le taux de mortalité le plus élevé.

GUSEN

Already in 1940, apart from Germans and Austrians, Gusen camp admitted thousands of Poles, Checks, Spanish republicans and Soviet war prisoners to exploit granite stones quarries around for the profit of the SS. Under supervision of convicts (green triangle), working conditions are so murderous that almost 90% of these prisoners will survive only few months.

In May 1942 the first Belgians arrived, in majority « Nacht und Nabel » (night and fog) destined for disappearing, together with Yugoslavs.

Altogether, thirty nationalities were represented with about 2.000 Frenchmen and about the same number of Italians. From 1943 onward, most of the prisoners were used to work in the Reich war industry, in factories settled by the companies Steyr, Daimler, Puch and Messerschmitt, producing spare parts for rifle and aeroplane engines. In 1944 to escape airraids attacks, underground galleries progressively received assembly lines, while in March of the same year, an annexe opened a few hundreds yards away : Gusen II. This annex was organised to admit prisoners for the production of kilometres of tunnels (50.000 square meters altogether) then the production of jet planes

In the Mauthausen complex these two Gusen camps were finally the highest concentration density with 26.000 prisoners in February 1945, while Gusen II had the highest death rate.

Vue générale du camp et des installations de Gusen I. (*)

General view of the camp of Gusen.

▲ Porte d'entrée Porte d'entrée du camp de Gusen I. (Photographie prise après la libération.)
Entrance gate of the camp of Gusen.

▼ Gusen 1, artère de contournement au nord-est du camp, menant à Gusen 2, aux tunnels de Kellerbau et aux kommandos de travail de l'Industriehof. A droite, mur et mirador du camp et à gauche, mur de soutènement du terrain des halls de l'usine Steyr-Daimler-Puch, visibles au fond.
Gusen 1 - Way around north-east of the camp leading to Gusen 2. Kellerbau tunnels and working Kommando of Industriehof - On the right, wall and mirador and on the left, wall of the factory Steyr-Daimler-Puch, visible background of the photo.

▲ Le camp de Gusen lors de sa construction. 1940-1941. (*)
Building Gusen camp - 1940-1941.

▼ Relevé cadastral des services SS du K.L. Gusen à l'échelle 1 : 2880. Date inconnue.
Cadastral plans of the SS services of KL Gusen - Scale : 1 : 2880 - Date Unknown.

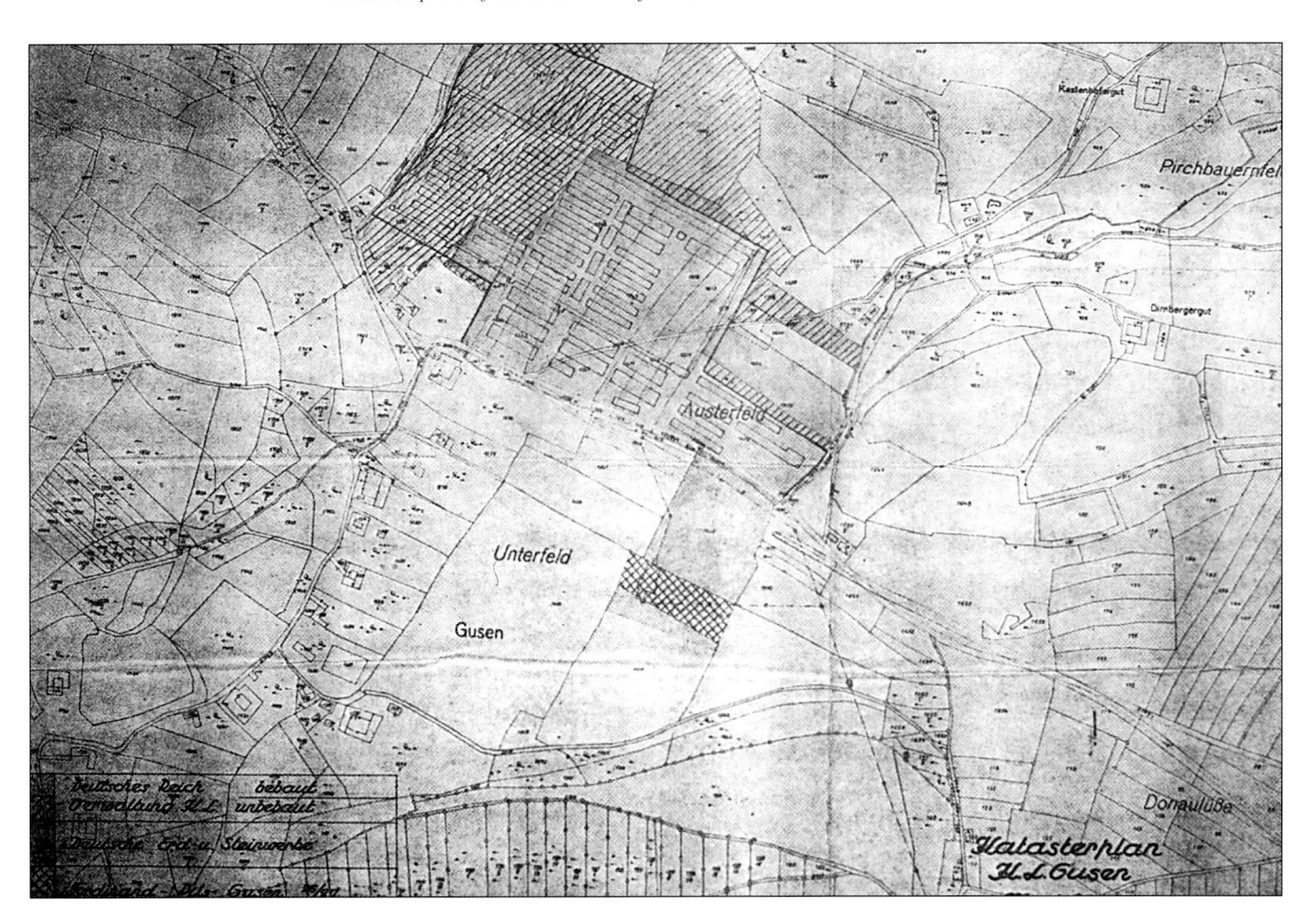

Visite de Himmler au camp de Gusen le 17 octobre 1942. On reconnaît la porte d'entrée du camp derrière le groupe d'officiers SS. (*)

Himmler visiting Gusen camp on the 17th of October 1942 - Main entrance can be seen at the back.

Ci-dessous et page ci-contre : le lieu d'exécution du camp de Gusen. Photographies prises après la libération.

Here and next page - Execution place in Gusen camp - Photo taken after Liberation.

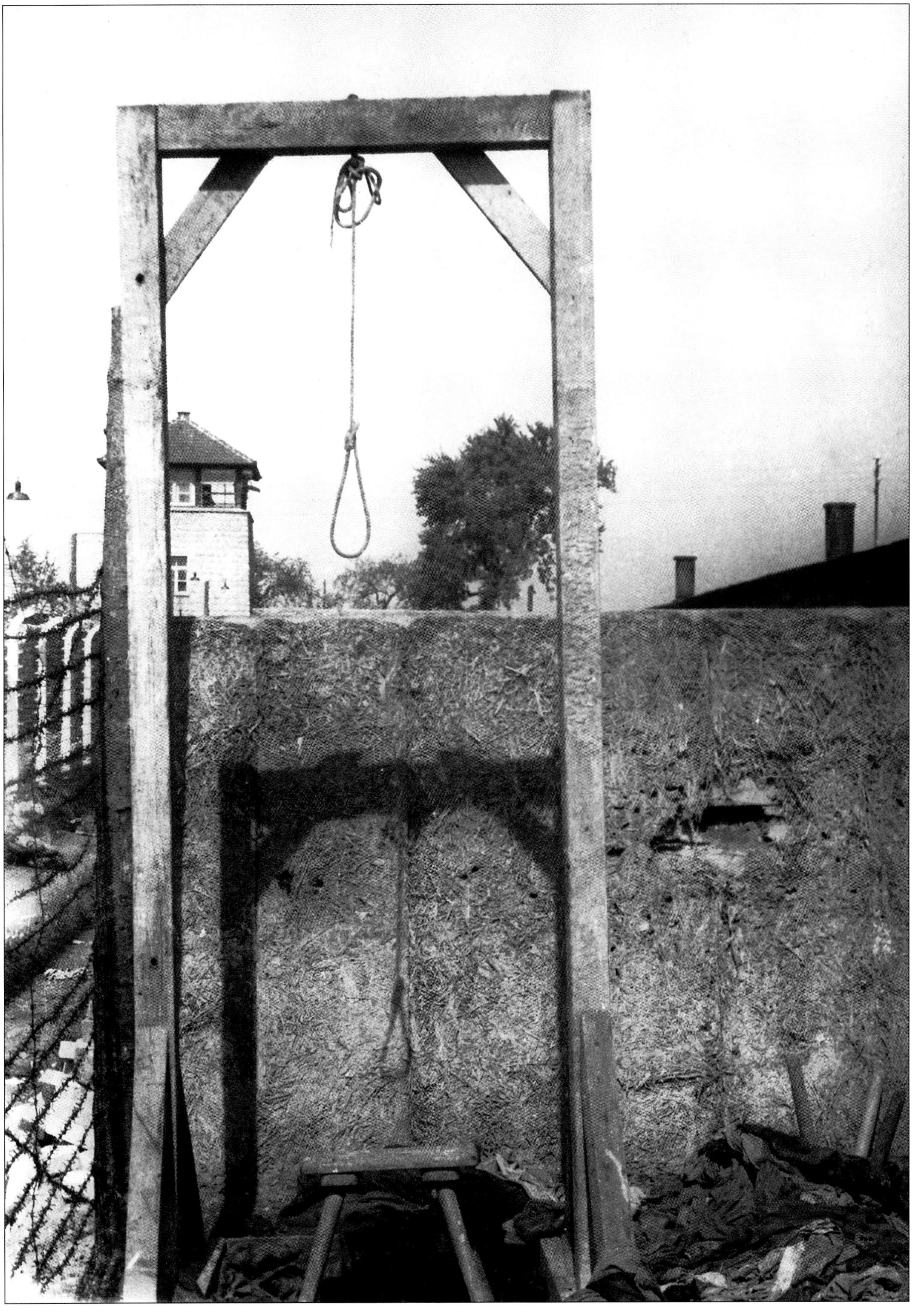

Fouilles archéologiques au camp de Gusen
Archaeologicals search in Gusen Camp

Un kommando de travail d'une vingtaine d'hommes dirigés par un prêtre autrichien féru d'archéologie, le père Gruber, a entrepris des fouilles sur un ancien site romain qui se trouvait non loin du camp de Gusen. Comparé au sort des autres détenus, ces hommes travaillaient dans de meilleures conditions. (Années 1941 et 1942).

A working group of about twenty men managed by an Austrian priest fun or archaeology ,Father Gruber, started searching over an old roman site not far from Gusen camp. Compared to the fate of other prisoners these men worked in better conditions (years 1941-1942).

Les détenus du camp de Gusen travaillent sur le chantier des fouilles archéologiques.
Prisoners working on the archaelogical yard.

« Zone protégée de la Waffen-SS - L'accès au terrain est strictement interdit. »

Protected zone of the Waffen SS - Access to the ground is strictly forbidden.

▼ Dalle ou tombeau avec inscription en latin.
Stone or tomb with Latin inscription.

Libération du camp de Gusen
Liberation of the Gusen camp

1 - Gusen est libéré mais est encore gardé.
2 - Les corps s'amoncellent à la porte du crématoire.
3 - Les soldats U.S. obligent les civils autrichiens à enterrer les cadavres
4 - Civils autrichiens chargeant les cadavres entassés devant la porte du crématoire.
(Photos Seibel, U.S. Army.)

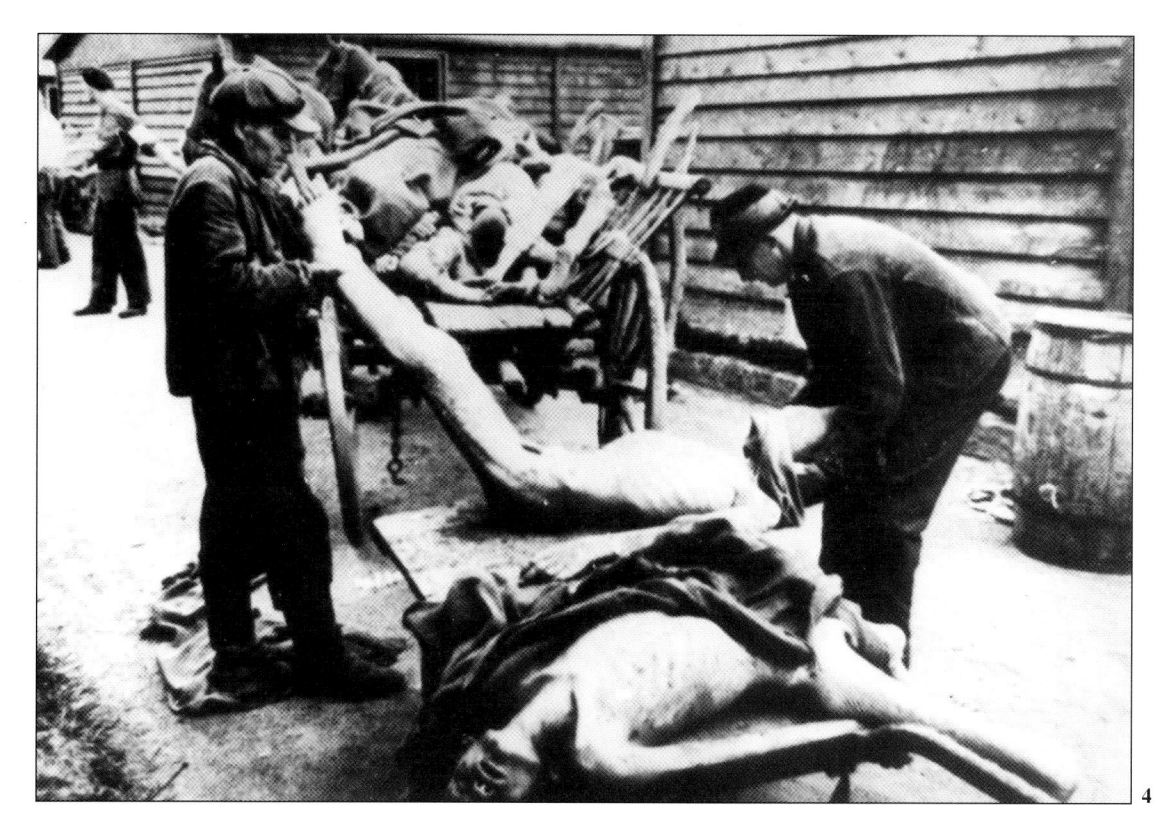

1 - Gusen is liberated but still under guard.
2 - Bodies piling up onto the crematorium door.
3 - U.S. soldiers obliged Austrian civilians to bury the corpses.
4 - Austrian civilians loading corpses in front of the crematorium door.

▲ Musée d'Anatomie pathologique du camp de Gusen. (*)
Museum of pathological anatomy of Gusen' camp.

▼ Salle des latrines du camp de Gusen.
Latrines' room of Gusen' camp.

Détenus du camp de Gusen photographiés au lendemain de la libération du camp. Mai 1945. Ces documents ont été découverts en 1998 dans les archives militaires américaines.

Prisoners of the Gusen camp photographed the day after the camp Liberation - May 1945. These documents have been found in 1998 in the American military archives.

Derniers vestiges du camp des malades (Mauthausen) abritant 6 000 malades à la Libération. Date et origine inconnues. (Archives de Vienne.)

Last remains of the sick camp (Mauthausen) sheltering at Libération, 6.000 sick prisoners. Date and origin unknown. (Vienna Archives.)

101

▲ Vue du K.L. Gusen, le plus important commando de Mauthausen. Photo prise après la libération. Origine inconnue.
General view of Gusen camp, the most important commando of Mauthausen. Photo taken after the Liberation. Unknown origin.

▼ Les camps Gusen 1 et 2 incendiés en mai 1945 par les Américains. Photographie prise par le chauffeur d'Haefliger, délégué de la Croix Rouge Internationale.
Gusen camp 1 & 2 burnt in May 1945 by the American - Photo taken by the driver of Haefliger, the International Red Cross representative.

L'un des ateliers de Gusen 1.
A workshop in Gusen 1.

Le crématoire de Gusen à double moufles.
Gusen crematorium with double doors.

(Photographies d'origine inconnue prises après la libération/ *Photos taken after the Liberation. Origin unknown.*)

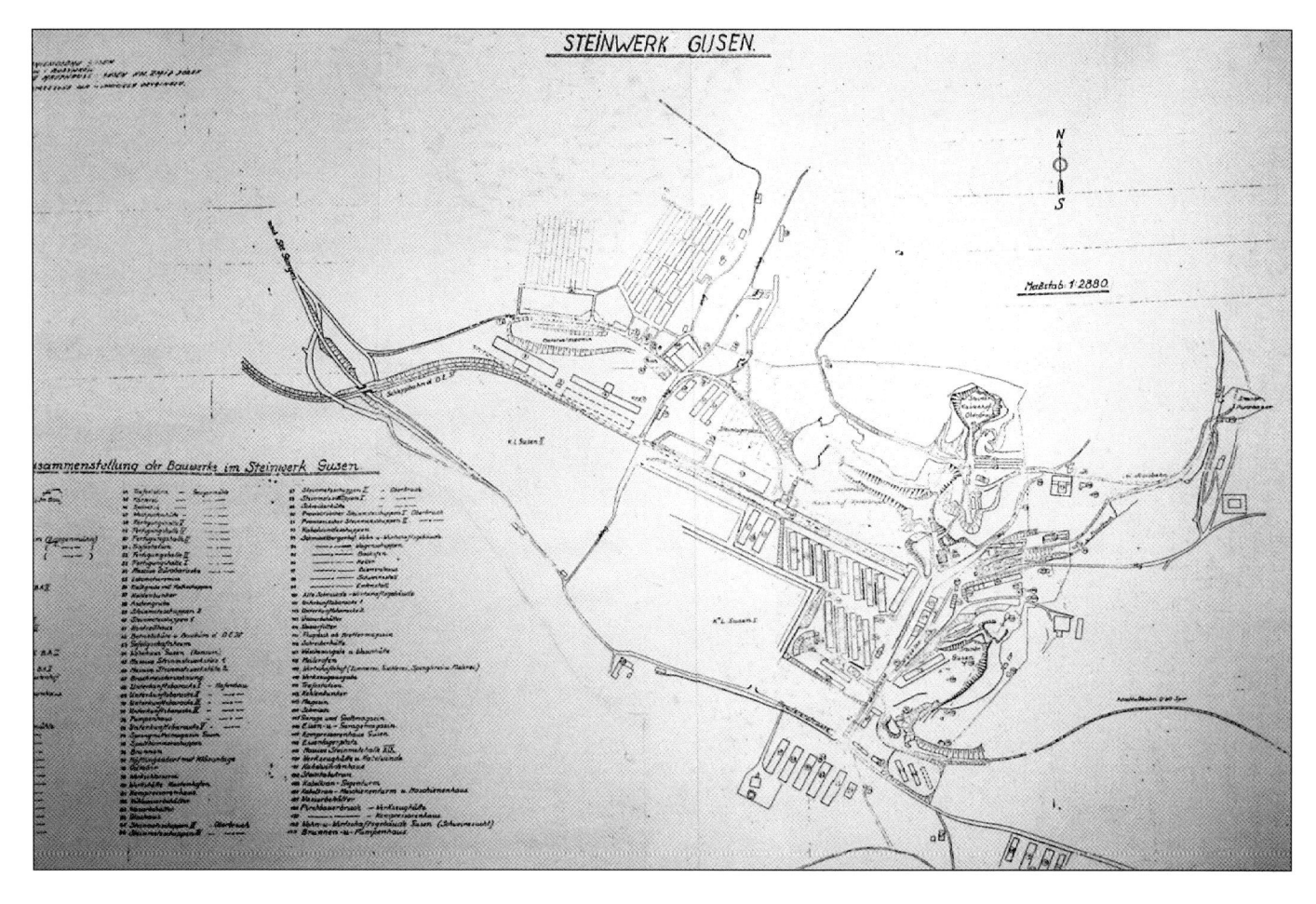

▲ Relevé SS des ateliers et des projets de tunnels en exécution.
SS sketches of workshops and tunnels projects on their way.

▼ A gauche le concasseur, à droite la carrière de Gusen 1 après la libération. Origine inconnue.
On the left, the pounder, on the right, Gusen quarry after Liberation.

▲ Gare de chargement et de déchargement des wagons de matériel pour les usines d'armement de Gusen. Photo prise après la Libération.
Station of loading and unloading the implements wagons for the armament factories of Gusen. Photo taken after Liberation.

▼ Vestiges des tunnels de St-Georgen. Photographies prises en 1980.
Remaining tunnels of St. Georgen - Photos taken after 1980.

Ci-dessus : Entrée principale de la gare souterraine des tunnels de St-Georgen après la libération.

Ci-dessous : Une partie visible d'un tunnel de Berg-Kristale à St-Georgen.

(Origine : Comité local autrichien pour la mémoire de Gusen - St-Georgen.)

Above : main entrance of the underground station of St. Georgen tunnels after Liberation.

Under : one visible part of one of Berg-Kristale' tunnel at St. Georgen.

Origin : local Austrian committee for the Gusen St. Georgen Memory.

Ci-dessus : Autre aperçu de l'entrée souterraine de la gare des tunnels de St-Georgen. Photographie prise plusieurs années après la libération.

Ci-dessous : Un autre tunnel de St-Georgen.

(Origine : Comité local autrichien pour la mémoire de Gusen - St-Georgen.)

Above : Another view of the underground entrance of St. Georgen tunnels' station - photo taken several years after Liberation.

Under : Another St. Georgen tunnel.

(Origin - Local Austrian committee for Gusen memory.)

Vöcklabruck - Wagrain
Vöcklabruck - Wagrain

Près de la sous-préfecture de Vöcklabruck en Haute Autriche.

Du 6 juin 1941 jusqu'au 14 mai 1942, 300 détenus, tous républicains espagnols, ont travaillé à la réfection des routes de la ville de Vöcklabruck, probablement pour la firme DEST.

Close to the sub-area of Vöcklabruck in High-Austria.

From the 6th of June 1941 to the 14th of may 1942, 300 prisoners, all Spanish republicans worked, repairing the road of Vöcklabruck' town, probably for the firm DEST.

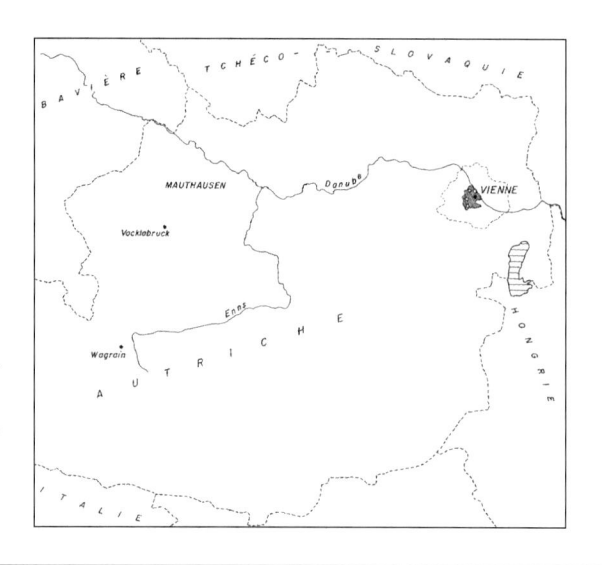

1 - Vue générale du camp de concentration de Vöcklabruck. Septembre 1941. (*)

2 - Baraques des gardiens SS à l'entrée du camp en septembre 1941. (*)

3 - Intérieur du camp. (*)

1 - Overall view of the « Vöcklabruck » concentration camp. September 41.

2 - Barracks of the SS guards at the entrance of the camp. September 1941.

3 - Inside the camp.

Le château d'Hartheim
Hartheim Castle

Situé à une vingtaine de kilomètres à l'ouest de Linz, le château d'Hartheim a été bâti au milieu d'une immense plaine avec quatre tours d'angle et une sorte de donjon latéral de forme byzantine (1287/88).

Rien n'était prévu pour loger les victimes qui entraient en ces lieux, car, soumises à des expériences pseudo-médicales ou gazées presque aussitôt, toutes sans exception étaient promises au four crématoire. Les aménagements du château, transformé en « institut d'euthanasie », furent effectués par les nazis au début de 1940.

Des statistiques précises retrouvées pour chacun des mois qui suivirent permettent de chiffrer à 18 269 le nombre total des éliminations effectuées jusqu'au mois d'août 1941.

Du mois d'août 1941 au début 1942, au moins 1 613 détenus de Mauthausen, dont 449 républicains espagnols, y ont été gazés.

En 1942, on a retrouvé la trace de 36 convois partis de Dachau vers Hartheim avec 3 075 détenus.

Le nombre des victimes n'est pas établi avec exactitude mais, du mois d'avril au mois de décembre 1944, on a pu recenser 3 498 détenus de diverses nationalités, dont 1 220 femmes.

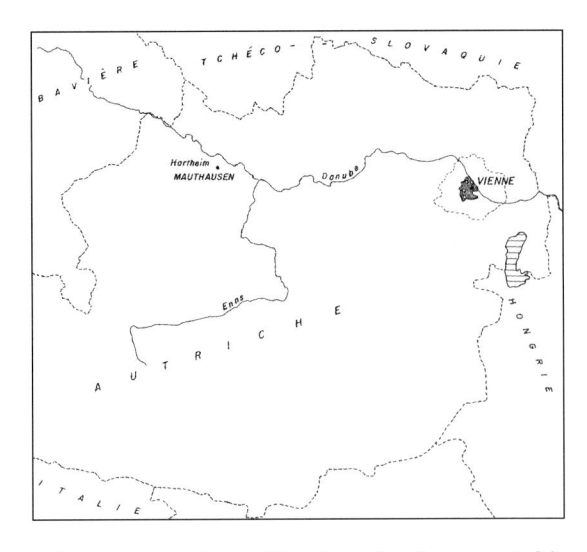

Au total, on estime à environ 30 000 le nombre d'assassinats perpétrés à Hartheim, ce qui, compte tenu de ses 55 mois de fonctionnement, fait une moyenne de 18 cadavres par jour.

Situated twenty kilometres west of Linz, Hartheim Castle was built in the centre of a huge plain with four angle towers and a kind of lateral dungeon of Byzantine type (1287-88).

Nothing was foreseen to lodge the victims who entered in this site, as put through pseudo medical experiments, or almost immediately gazed all without exception, were to be sent to the crematorium. The set up of the castle changed in Euthanasia institute were worked out by the nazis in early 1940.

One can say from precise statistics found for each following months that 18.269 is the total number of elimination's up to the month of august 1941.

From august 1941 up to early 1942 at least 1.613 prisoners from Mauthausen, amongst them 449 Spanish republicans, were gazed in 1942, 36 transport from Dachau to Hartheim were sent with 3.075 prisoners.

The number of victims is not evaluated with precision but from April to December 1944, 3.498 prisoners of several nationalities with 1.220 women were taken to census.

Altogether, one estimate to about 30.000 the number of murders perpetuated in Hartheim. Within 55 months, it means an average of 18 bodies a day.

1 - Photographie prise par les nazis du château d'Hartheim en 1938. Le drapeau à croix gammée flotte en haut du clocher. (*)

2 - Le centre d'euthanasie du château d'Hartheim en activité. (Photographie non datée prise par Karl Schumann.)

3 - Accès au château d'Hartheim après la guerre. (Origine et date inconnues.)

1 - Photo taken by the nazis of Hartheim castle in 1938. The flag with the swastika flaps on top of the tower.

2 - Euthanasia centre Hartheim in activity. Photo not dated taken by Karl Schumann.

3 - Entrance of Hartheim castle after the war. (Origin and date unknown.)

Linz 3

Camp annexe du camp de concentration de Mauthausen.
Situé à Linz sur le Danube en Haute-Autriche.
Fabrication d'acier, usine de scories, de construction ferroviaire ainsi que de chars de combat.
Usines du groupe Hermann Göring Werke S.A.
Camp créé le 22 mai 1944 et libéré le 5 mai 1945.
Effectif des détenus : 5 615.
Ce camp subit de nombreux bombardements alliés.

Annex camp of Mauthausen concentration camp.
Situated at Linz on the Danube - High Austria.
Production of steel, factory of Slag, railway and armoured car construction.
Factories of the Hermann Göring Werke S.A. Group.
Camp created on the 22nd of May 1944 liberated on the 5th of May 1945,
Number of prisoners : 5.615,
Was under many allies bombings.

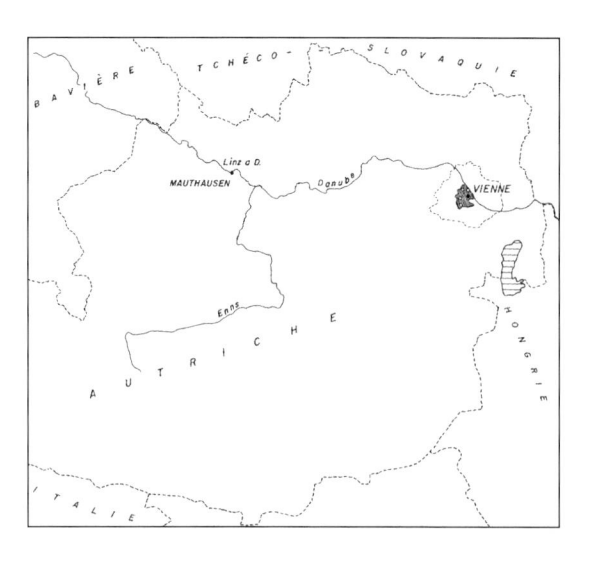

Vue partielle du camp de Linz 3. Au premier plan, le pont en bois emprunté chaque jour par les détenus pour aller à l'usine. Photo prise en 1947 ou 1948, origine inconnue.
Partial view of Linz 3 camp. Foreground, the wood bridge or which the prisoners are walking everyday on their way to the factory. Photo taken in 1947 or 1948, origin unknown.

La potence pour les pendaisons des détenus. Date et origine inconnues
Gallow for hanging the prisoners. Date and origin unknown.

Intérieur de l'usine Hermann Göring Werke pour la construction de chars d'assaut. Date et origine inconnues.
Inside the factory Herman Göring Werke for the building of tanks. Date and origin unknown.

Loiblpass-Nord
Loiblpass-north

Camp annexe du camp de concentration de Mauthausen, implanté sur la commune de Ferlach en Carinthie autrichienne.

Création : septembre-octobre 1943.

L'effectif s'élevait à environ 300 détenus qui travaillaient à la construction du tunnel routier entre l'Autriche et la Slovénie.

Annex camp of Mauthausen concentration camp.
Situated on Ferlach in Austrian Carinthie.
Created in September/October 1943 with about 300 prisoners working on the construction of the tunnel between Austria and Slovene.

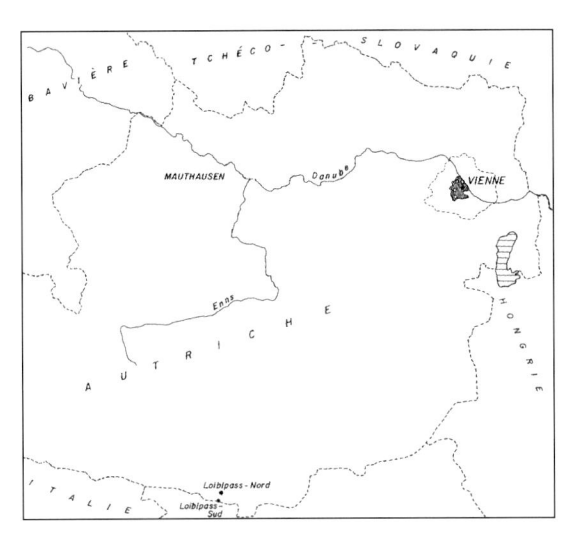

Loiblpass-Sud - *Loiblpass-south*

Ce camp annexe est implanté à Podljubelj (St.Anna) en Yougoslavie.

Création : le 3 juin 1943 (Commando X).

Libéré dans la nuit du lundi 7 au mardi 8 mai 1945 par les partisans de Tito.

Les quelques 600 détenus travaillaient sur le versant yougoslave au percement du même tunnel routier, pour la même S.A. Universale Hoch- und Tiefbau.

Ce tunnel routier est emprunté actuellement par des milliers de véhicules.

Sources : J.-B. Mathieu, matricule 26 864
Ch. Arnoux, matricule 28 681

This annex camp was built at Podljubelj (St Anna) in Yugoslavia.
Created : 3rd of June 1943 (Commando X)
Liberated during the night of Monday the 7th to Tuesday the 8th on May 1945.
About 600 prisoners worked on the Yugoslav side digging a road tunnel for the same S A Universale Hoch-and Tiefbau. This road tunnel is still used today by thousands of vehicles.

Vue générale du camp sous la neige. Photo prise par les partisans de Tito, date inconnue.
General outlook of the camp under snow - Photo taken by Tito's partisans (date unknown)

Vue générale du camp de Loiblpass-Sud, altitude 1 070 m. Origine inconnue.
Overall outlook of the Loiblpass-South camp, Altitude 1070 m. Origin unknown.

Les baraques SS sous la neige. Date inconnue. (*)

SS barracks under the snow. Date unknown.

115

Le chantier de construction d'un tunnel sous la neige. Photo prise par les SS, date inconnue. (Photo des Archives de Vienne.)

Building site of a tunnel under snow. Photo taken by the SS, date unknown. (Photo Vienna Archives.)

Photographie des gardes SS sur les marches de la scierie. Date inconnue. (*)

Photo of SS guards on the sawmill steps. Date unknown.

Vue générale du chantier du tunnel de Loiblpass. Photo prise par les SS, 1944 ? (Archives de Vienne.)

Overall view of the Loiblpass tunnel building. Photo taken by the SS. 1944 ? (Vienna Archives.)

La « gare » de triage des wagonnets. Photo prise par les SS, 1944 ? (Archives de Vienne.)

Marshalling-yard for tip-trucks. Photo taken by the SS, 1944 ? (Vienna Archives.)

Melk (« Quartz »)

Sur le bord du Danube, le gros bourg de Melk, en Basse-Autriche à 70 kilomètres en amont de Vienne et à 80 kilomètres en aval de Mauthausen, est célèbre par son abbaye bénédictine de style baroque édifiée sur un rocher de 60 mètres où, en 1767, Mozart vint jouer de l'orgue et où, en 1809, Napoléon séjourna avant et après la bataille de Wagram.

Le 21 avril 1944, un premier convoi de 500 déportés composé pour l'essentiel de Français, arrive de Mauthausen dans cette caserne transformée en camp de concentration.

L'effectif maximum fut de 10 314 détenus travaillant au projet « Quartz », c'est-à-dire la construction d'une usine souterraine de roulements à billes pour la firme Steyr, Daimler et Puch (forage des tunnels, équipement des galeries, mise en place des machines-outils). De très nombreuses firmes de travaux publics, de travaux souterrains et d'équipement général emploient des déportés : STUAG, Mayreder und Kraus, Rella, etc.).

L'usine sera pratiquement achevée mais ne produira jamais un seul roulement à billes.

Particularité : Melk est le seul camp où les Français occupent une grande place dans la hiérarchie interne.

Le 7 ou le 11 avril, 1 500 malades de l'infirmerie sont évacués sur Mauthausen par le train.

Le 13 avril : 2 400 détenus sont évacués par les péniches jusqu'à Linz, ils iront ensuite à pied de Linz à Ebensee.

Le 13 avril encore, 2 000 hommes sont directement évacués par le train sur Ebensee.

Le 15 avril, les derniers « spécialistes » sont évacués par le train et un tout dernier détachement quitte Melk par la route pour Ebensee.

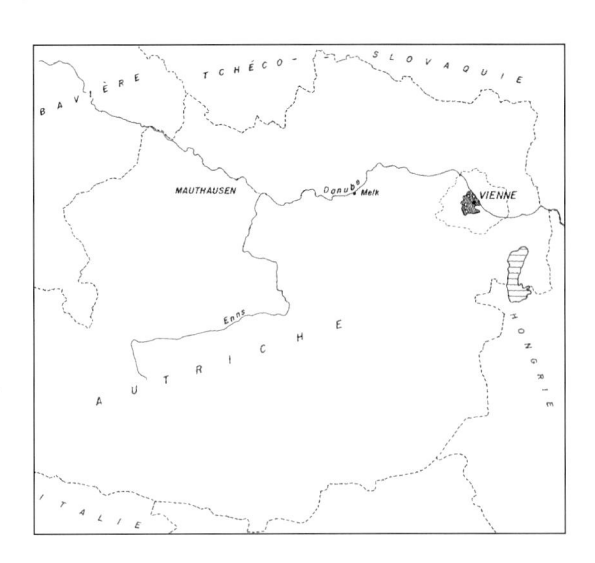

On the side of the Danube the big village of Melk in low-Austria, 70 kilometres east of Mauthausen, is well known for its Benedictine abbey, baroque style, built on a roc 60 meters high, where Mozart in 1767 played organ and where Napoleon lived before and after the battle of Wagram.

The 21st of April 1944 a first convoy of 500 prisoners mostly composed of French arrives from Mauthausen in this military barrack transformed in concentration camp.

The maximum manpower was of 10.314 prisoners working on the « quartz » project, that is working on an underground factory for ball-bearing from Steyr, Daimler and Puch (digging tunnels, inside equipment, setting up machines). Many companies of public work, underground and general equipment employs prisoners : STUAG, Mayreder and Kraus, Rella and so on).

The factory will practically be finished but will never produced one ball bearing !

Notice : Melk is the only camp in which French prisoners are in charge of the inside set up at a top level.

The 7th or 11th of April 1.500 sick prisoners are evacuated from the sanitary camp to Mauthausen by train.

The 13th of April, 2.400 prisoners are evacuated on barges up to Linz and then will walk from Linz to Ebensee.

The 13th of April again 2.000 men are directly evacuated by train to Ebensee.

The 15th of April the last « specialists » are evacuated by train and the very last ones leave Melk by road to Ebensee.

Vue générale du camp de Melk, à gauche le crématoire. Photo prise après la libération en 1945. Origine inconnue.
General outlook of Melk Camp - Left : the crematorium - Photo taken after liberation in 1945 (unknown origin).

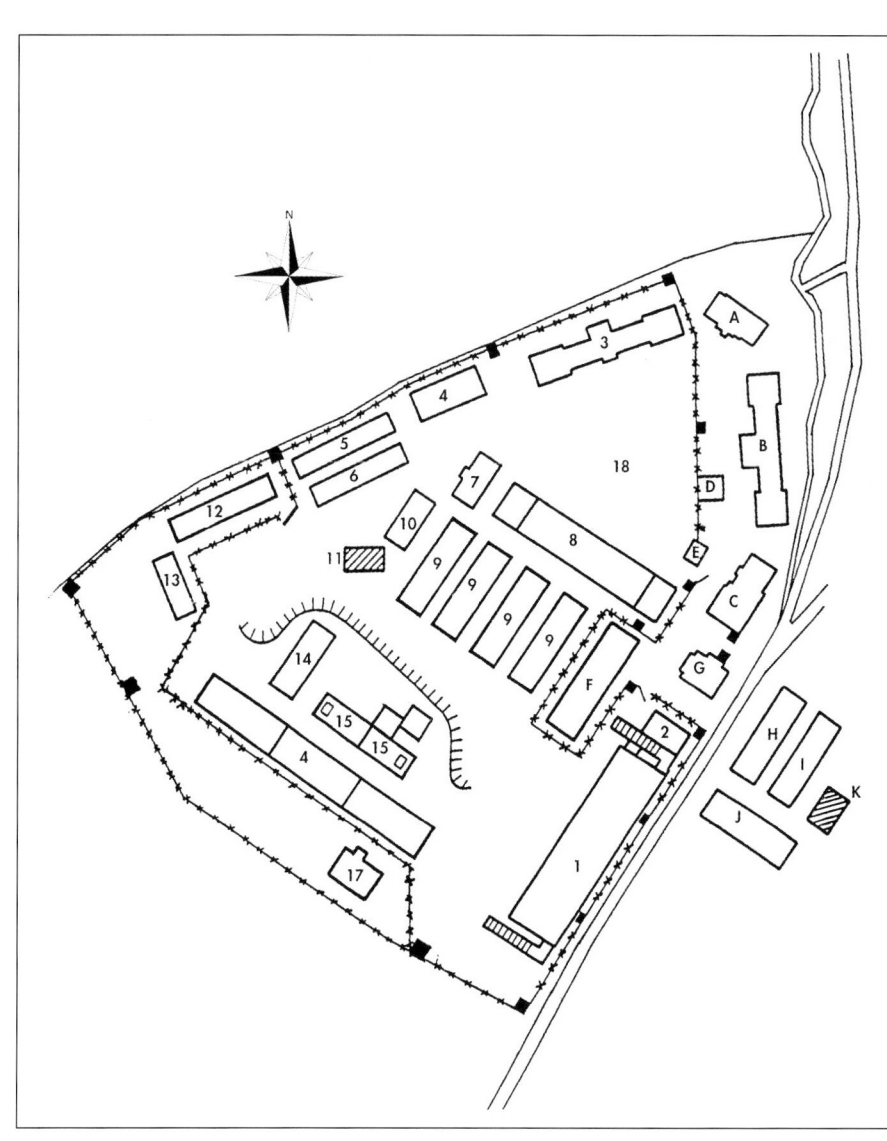

1. Garage et ateliers de la caserne : cuisine, services et blocks.
2. WC - lavabos.
3. Aile de la caserne (blocks).
4. Bâtiment de la caserne (blocks).
5. Bâtiment de la caserne (forge, tailleurs et coordonniers).
6. Block construit en juin 1994.
7. WC et police.
8. Bâtiment de la caserne : douches, désinfection, électriciens, blocks.
9. Blocks construits en mai 1944.
10. WC-lavabos construits en mai 1944.
11. Réservoir d'eau en cas d'incendie.
12. Infirmerie construite en avril-mai 1944.
13. Infirmerie construite en octobre 1944.
14. Block construit en août-septembre 1944.
15. WC-lavabos construits en août 1944.
16. Sanitaires commencés en juin, détruits, et terminés en septembre 1994.
17. Crématoire construit en septembre-octobre.
18. Place d'appel.

1. Garage and workshop : kitchen services and blocks
2. WC Toilets
3. Barrack-wing (blocks)
4. Building barrack (blocks)
5. Building barrack (blacksmiths, tailors and shoemakers)
6. Block built in June 1944
7. WC and police
8. Barrack building : showers, disinfection, electricians, blocks.
9. Block built in 1944
10. WC toilets - built in may 1944
11. Water reserve in case of fire
12. Infirmary - built in April-may 1944
13. Infirmary - built in October 1944
14. Blocks built in August-September 1944
15. WC - toilets : built in August 1944
16. Sanitary started in June 1944, destroyed and finished in September 1944
17. Crematorium built in Sept - October
18. Roll-call square

Aspect du camp pendant l'hiver 1945-1946. Origine inconnue. (Bertrand Perz, Vienne.)

Outview of the camp during winter 1945-1946 - origin unknown (Bertrand Perz - Vienna.)

Vestiges d'un des tunnels du projet « Quartz ». Date inconnue. (Bertrand Perz, Vienne.)

Remains of one of the tunnel of the « Quartz » project. Date unknown (Bertrand Perz. Vienna.)

Une colonne de détenus évacue le camp de Melk en avril 1945. Date exacte et origine inconnues.

A column of prisoners evacuating Melk camp in April 1945. Exact date and origin unknown.

Hinterberg

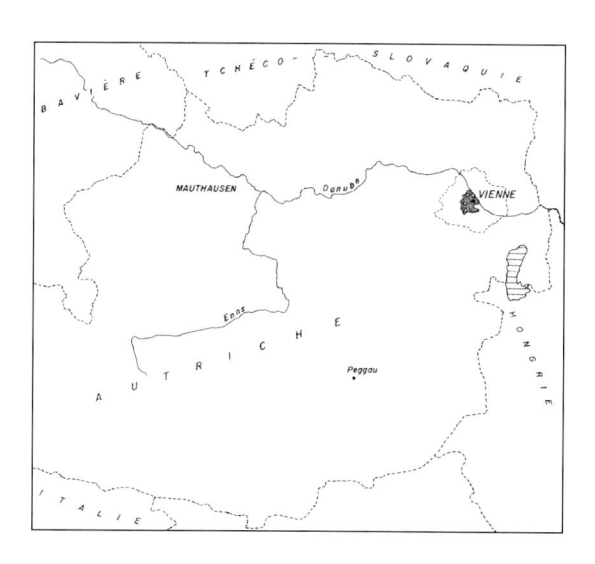

Ce camp annexe du camp de concentration de Mauthausen fut installé sur la commune de Peggau en Styrie, dont le chef-lieu était Graz.

Création le 17 août 1944.

Evacué le 2 avril 1945.

Les 888 détenus travaillaient pour la Société Steyr-Daimler-Puch S.A., de Graz-Thorndorf, Dest pour la construction de galeries et à la production de pièces d'avion.

(Source : Jean Germaneau, Matricule 62 444 - Amicale de Mauthausen.)

This camp annex of Mauthausen concentration camp was built on Peggau in Styrie which main town was Graz.
Created August 17th 1944.
Evacuated April 2nd 1945
888 prisoners worked for Steyr-Daimler-Puch S.A. of Graz—Thorndorf.Dest for the building of galleries and planes spare-parts.
(Sources Jean Germaneau - camp number 62444 - Mauthausen Amicale.)

Aspect du camp d'Hinterberg après son évacuation le 2 avril 1945. Origine et date inconnues.
Hinterberg look after its evacuation - April 2nd 1945. Origin and date unknown.

St-Lambrecht

Situé dans le bourg de St-Lambrecht en Styrie, le camp comportait un effectif de 80 hommes qui travaillaient pour une association allemande œuvrant pour le « salut du peuple et l'aide à la colonisation ». L'activité consistait principalement en des travaux forestiers et agricoles, ainsi qu'à la construction d'un lotissement.

Ces détenus arrivés en mai 1942 venaient de Dachau.

Evacuation : le 29 avril 1945 (?)

Situated on the village of St-Lambrecht in Styrie, the camp consisted of 80 prisoners working for a German association : « for people salvation and help to colonisation » ; Main activity consisted in forest and agricultural works and building of a plot.

These prisoners arrived in May 1942 from Dachau.

Evacuation : April 29th 1945 ?

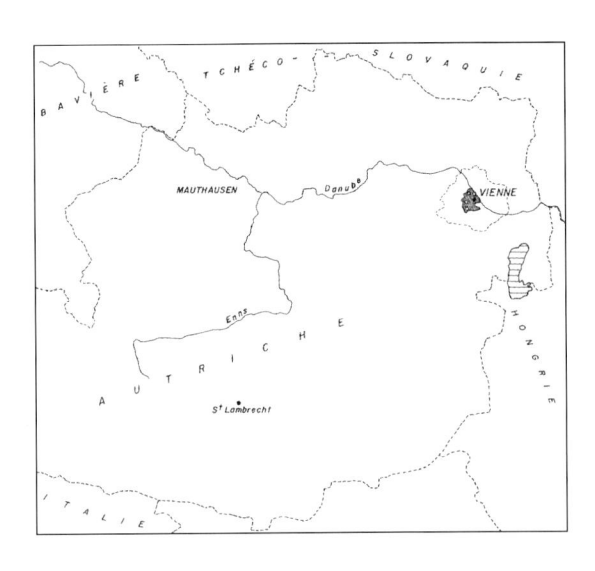

Vue générale de la ferme où travaillaient les 80 détenus. Photographie prise en 1981.

Overall view of the farm where the 80 prisoners worked - Photo taken in 1981.

Vue des champs entourant l'ancien domaine des SS. Photographie prise en 1981.

General view of fields surrounding the ex SS property. Photo taken in 1981.

Groupes de détenus après la libération en 1945.
Prisoners after liberation in 1945.

Redl-Zipf nom de code secret Schlier (1ᵉʳ octobre 1943 - 3 mai 1945)
Redl-Zipf secret Code name Schlier (1st October 1943- 3rd May 1945)

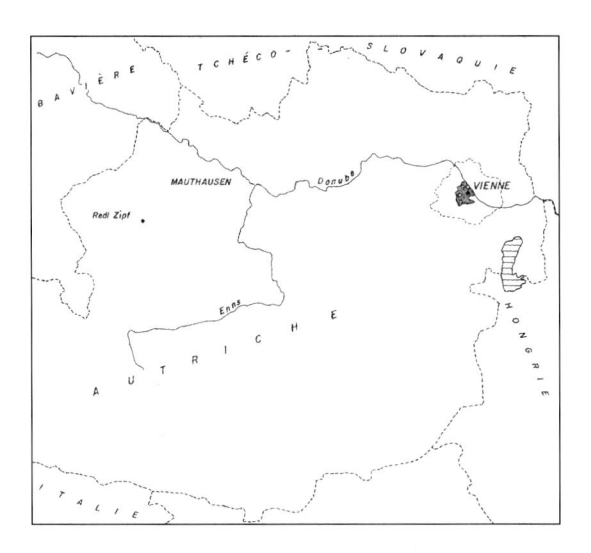

Camp annexe du camp de concentration de Mauthausen, situé à Redl-Zipf, petit bourg agricole, dépendant de la commune de Neukirchen an der Vöckla. La ville et sous-préfecture la plus proche étant Vöcklabruck en Haute-Autriche.

Les caves d'une brasserie de bière réputée localement, se révèlent le lieu favorable pour l'implantation d'une usine secrète pour la production de comburant pour les fusées V2, mais aussi pour la construction d'un centre d'essais, capable de tester les performances de chaque réacteur, avant de les expédier par le train vers les zones de tir sur les côtes nord-ouest de l'Europe.

Les conditions de survie des détenus sont extrêmement rudes : causées par le froid, la faim permanente, les coups des kapos pour accélérer les cadences afin de mener à terme la construction de cet ensemble, capable de renverser le destin du Reich.

L'effectif maximum du camp sera de 1 500 détenus, mais plus de 4 200 passeront dans ce lieu maudit. Aux 267 détenus décédés ou abattus, il convient d'ajouter les 2 500 camarades envoyés vers Hartheim ou Ebensee pour être exécutés comme grabataires.

Le camp sera évacué le 3 mai 1945, une partie des détenus et des malades est transportée en camions, les détenus latins doivent rejoindre à pied le camp d'Ebensee, distant d'une soixantaine de kilomètres. Des détenus s'évadent au cours de la marche forcée. La colonne rejoint le camp d'Ebensee au moment même de l'arrivée des troupes américaines libérant le dernier camp de concentration de « l'Archipel Mauthausen ».

Le commando « Bernhard », des détenus faussaires, falsificateurs des Livres anglaises, quitte son dernier refuge de Zipf en direction d'Ebensee où tous les détenus seront libérés, le 6 mai 1945.

Les documents de l'infirmerie du camp furent sauvés par Paul Le Caër et déposés aux Archives de France (Section contemporaine) et enregistrés sous le n° d'entrée 89-15, ils sont inventoriés et intégrés dans la sous-série 72 AJ : Seconde Guerre mondiale sous la cote 72 AJ 2032.

Annex of Mauthausen concentration camp, located at Redl-Zipf, little agricultural village, part of Neukirchen municipality on the Vöcla, the nearest town being Vöcklabruck in High-Austria.

The cellars of a bier factory, well known locally, were the most favourable places to build a secret factory which produces V2 rockets but also for the building of trial-centres to test the performances of each rocket before sending them by train to the firing zones in north-west Europe.

103 prisoners arrived from Mauthausen and Gusen will build this camp in a field on 1 October 1943. They will be soon followed by almost every French evacuated from Wiener-Neustadt highly bombed camp. The living conditions for prisoners are extremely hard - cold and humidity, permanent hunger, knocks from the Kapos to accelerate rhythm to finish up the building of the site capable to change the Reich destiny.

The maximum manpower will be of 1.500 prisoners, but more than 4.200 will go through this cursed place.

To the 267 prisoners who died or were shot one must add 2.500 comrades evacuated to be executed as unfit to Hartheim or Ebensee.

The camp will be evacuated on the 3rd of May 1945, part of the prisoners non fitted by lorry, the others will have to walk to the Ebensee camp, sixty kilometres away.

Many prisoners escape during the march. The column reaches Ebensee at the same time than American troops liberating the last concentration camp of the « Mauthausen Archipelago » : Ebensee. The « Bernhard » Kommando composed of forges who counterfeited sterling pounds, leaves its last shelter in direction of Ebensee where all prisoners will be liberated on the 6th of May 1945.

Document of the Camp infirmary were saved by Paul le Caër and registered at the « Archives de France » (contemporary section) under entry number 89-15 - integrated in the sub-series 72 AJ : second world war, quote 72 AJ 2032.

Vue générale du chantier à l'entrée des tunnels. Photographie prise après la libération. (Origine inconnue.)
General view of the working site at the entrance of the tunnel. Photo taken after liberation. (Origin unknown.)

Aspect du chantier avec le bunker en béton pour la protection des wagons d'oxygène liquide. Photographie prise après la libération. (Origine inconnue.)

Outlook of the building-yard with the bunker made of concrete to protect liquid oxygen wagons. Photo taken after liberation. (Origin unknown.)

PLAN DES SOUTERRAINS DE ZIPF

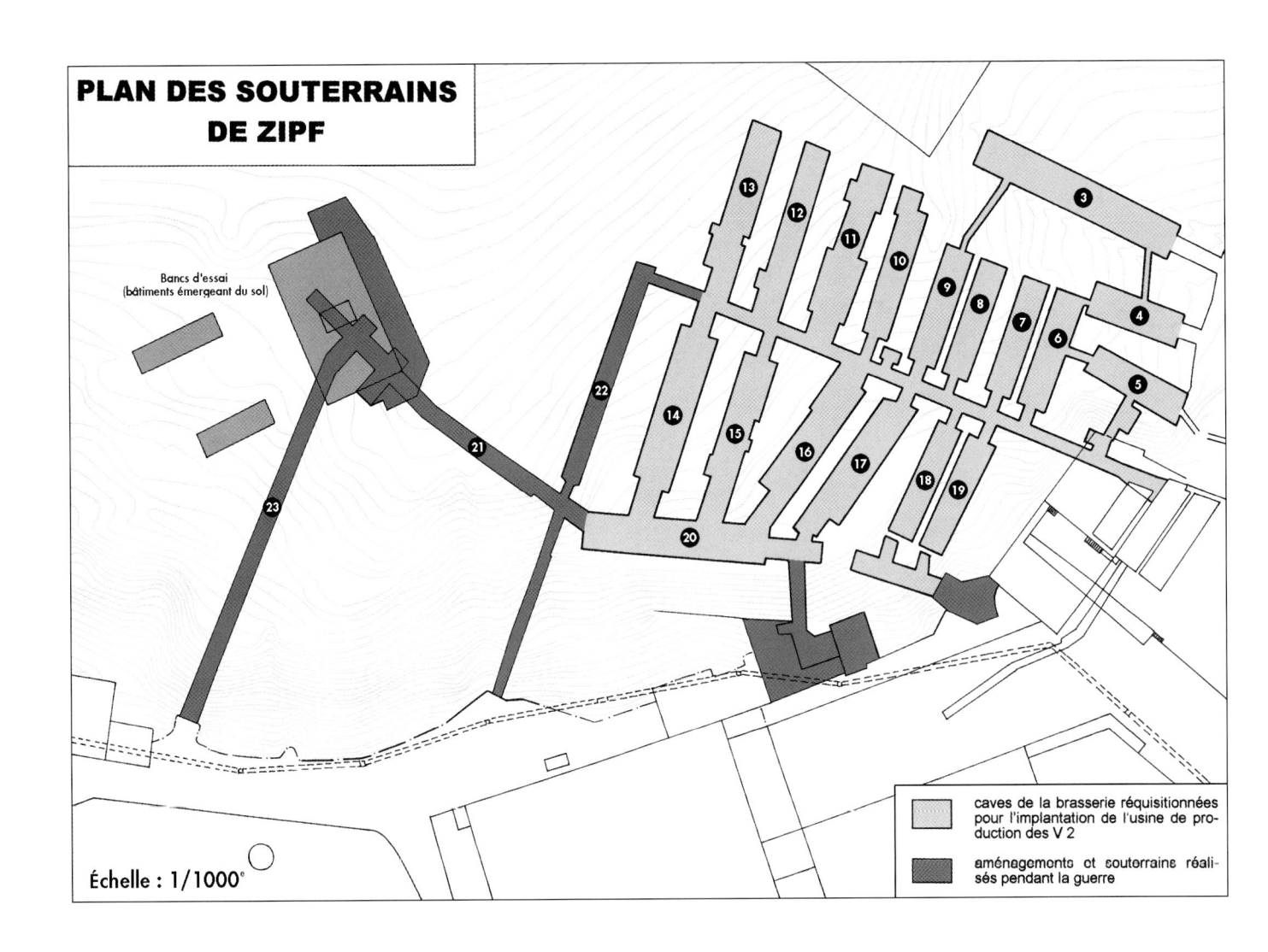

Bancs d'essai
(bâtiments émergeant du sol)

Échelle : 1/1000°

caves de la brasserie réquisitionnées pour l'implantation de l'usine de production des V 2

aménagements et souterrains réalisés pendant la guerre

Cave n° 20, dans laquelle les fosses profondes ont été installées pour recevoir des compresseurs montés en série capables de liquéfier l'oxygène à une température voisine du zéro absolu (- 273°).

Cellar n° 20 in which deep pits were built to receive super charges capable to liquefy oxygen down to a temperature near the absolute zero (- 273°).

Extrémité du tunnel n° 21. La porte donne sur le tunnel n° 20 qui était l'une des caves les plus importantes de la brasserie. A gauche, l'entrée du tunnel n° 22. A droite, canal servant à l'évacuation des eaux de ruissellement. Photo prise en 1980.

End of tunnel 21. The door open on tunnel 20, one of the most important cellar of the brewery. Left entrance of tunnel 22. Right, canal used for water flowing.

Tunnel n° 23, ce long tunnel devait servir d'abri antiaérien pour le personnel de l'entreprise Schlier en cas de bombardement. Photo prise en 1980.

Tunnel 23. This long tunnel was to be the air-raid shelter for the members of Schlier Company in case of bombing. Photo taken in 1980.

Essai servant à déterminer la poussée réelle et la consommation du propulseur de la fusée V2. Photo d'origine SS, date inconnue.
Test to determine the real push and consumption of the V2 engine - SS photo, unknown date.

Chambre d'essais nord-ouest. Les réacteurs étaient accrochés assez haut, le flux enflammé et violent étant dirigé vers le bas et canalisé dans une fosse en béton de plus de trente mètres de long. Photo prise en 1980.

Trial room north-west. Engines were attached relatively high. The on fire and violent tide was directed to the bottom and directed in a concrete pool more than thirty meters long. Photo 1980.

▲ Enorme bunker dont les murs de plus de trois mètres d'épaisseur abritait un transformateur de 80 tonnes. Photo prise en 1975.
Huge bunker with walls over three meter thick for a 80 tons transformer. (Photo 1975.)

▼ Coupe et plan des installations de Schlier. Source : Ingénieur Fritz Kretz de Zipf.
Section and map of the installation of Schlier. Origin : Engineer Kretz from Zipf.

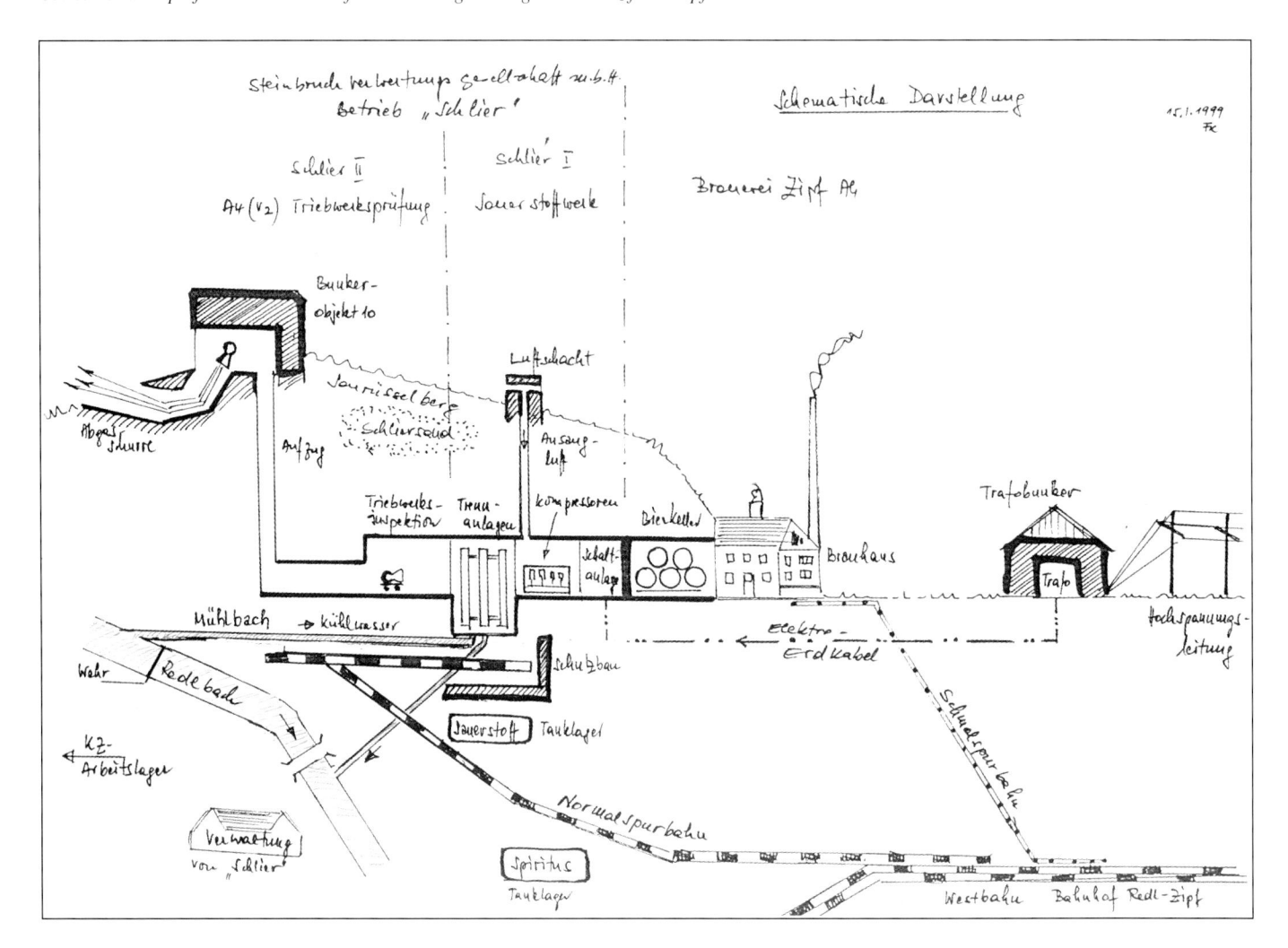

130

Steyr

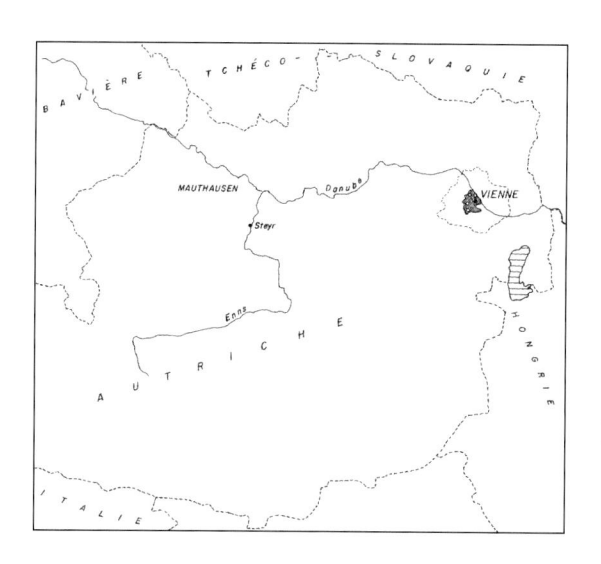

Steyr Münichholz était un camp annexe du camp de concentration autrichien de Mauthausen, installé le 14 mars 1942 dans le complexe des usines d'armement de la région de Steyr.

L'effectif des détenus a oscillé entre 1 000 et 2 000 hommes de toutes les nationalités européennes. Le travail des détenus allait de la fabrication de mitrailleuses, de moteurs d'avions et de trains d'atterrissage pour Me 109, 110 et 323, jusqu'aux trains de laminoir.

Le taux de mortalité était très élevé. En 1942, il y eut 8 800 morts en dix mois, dont 817 en 23 jours, soit une moyenne journalière de plus de 39 morts.

Sur ordre de la Kommandantur de Mauthausen, le crématoire municipal de Steyr a incinéré 4 595 détenus décédés jusqu'en mai 1945. Les autres cadavres furent incinérés au camp de Mauthausen.

Steyr Münichholz is another annex camp of Mauthausen concentration camp, set up on the 14th of march 1942 in the complex of the weapons' factories of the Steyr region.
Prisoners varies between 1.000 to 2.000 from all European nationalities. Prisoners' work consisted in the production of machine-guns, aeroplane engine, landing-gear for Messerschmidt 109, 110 and 323, up to rolling-mill.
Death rate was very high. In 1942, 8.800 deaths within ten months with 817 in twenty three days. A daily rate of 39 deaths.
By order of Mauthausen Kommandantur, the town crematorium of Steyr has burnt 4.595 dead prisoners until may 1945. Other corpses were incinerated in Mauthausen camp.

Etat du camp des détenus après le bombardement du 2 avril 1944. (Photo d'origine inconnue.)
After the bombing on 2 april 1944, condition of the prisoner's camp.

Ternberg (1943-1944)

Camp annexe de Mauthausen, le camp de Ternberg était implanté dans la région de Steyr, en Haute-Autriche.

Créé le 25 janvier 1943, il a été évacué le 18 septembre 1944.

Environ 406 hommes, en majorité des Républicains espagnols, ont été employés à la construction de l'un des barrages hydro-électriques sur la rivière Enns.

Ces barrages hydro-électriques ont été construits pour palier à une importante demande de production de kilo-watts, destinée aux futures usines d'armement en projet. Ces travaux seront seulement terminés quelques années après la fin du conflit par la nouvelle société Enns S.A.

Annex camp of Mauthausen, Ternberg was set up in the Steyr region - High Austria.

Created on the 25th of January 1943, evacuated the 18th of September 1944.

About 406 men, with a majority of Spanish republicans, were employed on one of the hydra-electric barrage on the river Enns.

These barrages were built to comply with an important demand of kilo-watts for the future project of car factories.

These works will be finished only a few years after the end of the war by the new company Enns S.A.

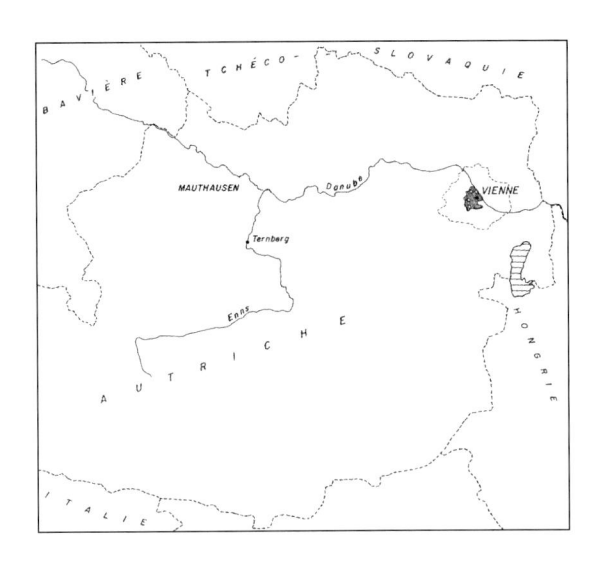

Vue générale du chantier, au fond le camp.
Building yard - bottom the camp.

▲ Vue du camp de concentration de Ternberg en 1943.
General view of Ternberg Concentration camp - in 1943.

▼ Des républicains espagnols au travail au cours de l'hiver 1943-1944.
Spanish Republicans working during winter 1943-1944.
(Photos : Ennskraftwerke de Steyr.)

Wiener-Neustadt

Situé dans l'usine Rax Werke à Wiener-Neustadt, ville libre de Basse Autriche à 50 kilomètres au sud de Vienne.

1re création : Le 8 août 1943, 1 200 détenus arrivent du K.L. Mauthausen pour commencer la production en série d'éléments des fusées V2 dans le Serbenhalle. Après les violents bombardements alliés, le camp est évacué le 17 novembre 1943. Les spécialistes sont dirigés vers Buchenwald-Dora, les manœuvres vers Schlier (Zipf).

2e création : Le 5 juillet 1944, 697 détenus venant du K.L. Mauthausen sont employés par la Wiener Lokomotiv Fabrik à la construction de tander. Le camp est toujours implanté dans le Serbenhalle.

Le camp est évacué le 1er avril 1945, l'armée soviétique menaçant Vienne.

Situated in the factory Rax Werke in Wiener-Neustadt - free town in South Austria, 50 kilometres south of Vienna

First set up : On the 8th of August 1943 - 1.200 prisoners arrive from Mauthausen concentration camp to start serial production of V2 cells in the Serbenhalle.

After violent bombing by the allies, the camp is evacuated on the 17th of November 1943.

Specialists are sent to Buchenvald Dora concentration camp ; ordinary workers to Schlier (Zipf).

Second set up : On the 5th of July 1944, 697 prisoners from Mauthausen concentration camp are employed by the « Wiener lokomotive Fabric » for the construction of trailers. Camp is still set up in the Serbenhalle.

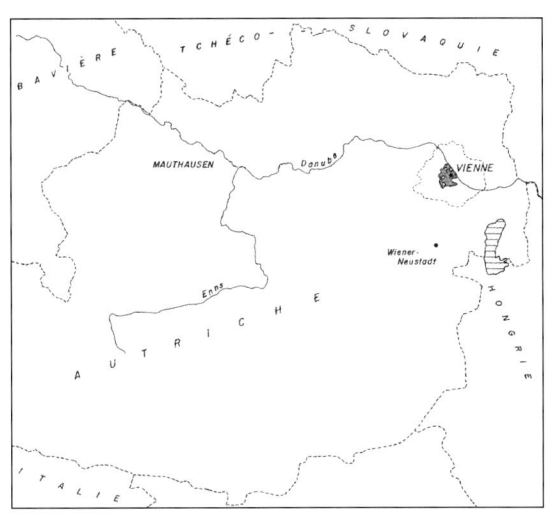

Aspect du bâtiment « Serbenhalle » après la libération. Usine de fabrication des cellules de fusées V2 en 1943. (Origine inconnue, Freund et Perz.)

General aspect of « Serbenhalle » building after Liberation. Factory producing V2 cells in 1943. (Origin unknown - Freund & Perz.)

Aspect extérieur du « Serbenhalle ». Les détenus couchaient dans un bâtiment accolé à l'usine. Origine et date inconnues. (Bertrand Perz.)

Outside look of « Serbenhalle ». Prisoners slept in a building against the factory. Origin and date unknown. (Bertand Perz.)

Bombardement du « Serbenhalle » le 2 novembre 1943. (Photo U.S.A.A.F.)

Bombing of « Serbenhalle » on the 2nd of November 1943 - Photo U.S.A.A.F.

135

Ebensee (Zement, Solvay)

A 100 kilomètres au sud du camp de concentration de Mauthausen, un camp annexe a été créé, dans le village touristique d'Ebensee sur le lac Traunsee, entouré de grands massifs montagneux, parmi lesquels le Hollenberg à 1 862 mètres.

Ce camp sera implanté le 18 novembre 1943 avec 63 détenus venant du camp de Schlier, le plus proche.

Ce camp fonctionnera environ 17 mois, pour la création d'usines souterraines creusées dans la montagne, dans le but de produire de l'essence, synthétique mais aussi de créer une usine de montage d'armes secrètes.

L'urgence du percement simultané de 14 tunnels contraint les détenus à creuser 24 heures sur 24, dans le froid et l'humidité, rongés par la faim, martyrisés par des kapos assassins.

La première baraque ne sera terminée que fin janvier 1944. La place d'appel, à l'emplacement d'un bois défriché, reste longtemps un marécage de boue et neige piétinées.

Au travail, c'est l'enfer, les uns au marteau piqueur, les autres déblayant les gravats, certains évacuent à l'aide de wagonnets, tirés par des humains, les débris de la montagne. Tout cela dans les hurlements et les coups des kapos désirant avant tout sauvegarder leur place de donneur de coups. Malheur aux blessés, aux malades, anéantis comme des chiens, sous la schlague.

Ce camp prévu pour 6 000 détenus, ce chiffre augmente pour atteindre 10 000 détenus à la fin de l'année 1944. Le 4 mai 1945, ce camp abrite 16 469 détenus venus de différents camps évacués devant l'avance des Alliés. Ainsi les détenus de Wels, Melk, Nordhausen, Leibnitz, St-Valentin, Schlier et Neuengamme se retrouvent dans ce camp libéré le 6 mai 1945 par les troupes américaines.

Ce camp aura peut-être le triste record du nombre des morts pendant sa courte existence ; avec les 1 200 cadavres enterrés à Ebensee après le 4 mai, le chiffre de 10 000 détenus disparus est proche de la vérité.

Sources : Jean Laffite - Matricule 25 519...
Roger Gouffault - 34534

100 kilometres far from the main camp of Mauthausen, an annex was created in a nice village - Ebensee, south of Lac Traunsee. This village for tourists, south of Gmunden, is surrounded by big mountains amongst them the Hollenberg, 1.862 meters and the sky station of Fenerkogel.

In this wonderful setting is created on the 18th of November 1943 by 63 prisoners coming from Schlier., the annex-camp of Mauthausen.

This camp will work for about seventeen months for the set up of underground factories in view of the production of synthetic benzene and secret weapons.

To start with, 14 tunnels ; this work is very tiring for prisoners working by teams 24 hours a day, due to the urgency of the work to be finished before re-starting production .

Work, cold, brutalities and hunger explain the very important rate of death.

During winter 1943, prisoners had to support not only cold weather, but also a permanent humidity, clothes made of fibre like blotting-papers, leaving the poor prisoners all wet night and day.

The first barrack will only be finished end of January. The roll-call square, in a destroyed wood will remain a long time like a swamp.

At work, it's hell, some are with digging-hammer, others cleaning and evacuating debris of the mountain with tip-truck pushed by human bodies looking like skeletons.

All this with the shouts and knocks of Kapos, to keep them posted.

Nothing is prepared. For the sick, the wounded, the only choice is to work or die like a dog under the « schlague ».

Ebensee will be the « sinking » place for thousands of prisoners pushed to the last camp liberated on the 6th of may 1945 by the Americans.

This camp with its 16.469 prisoners on the 4th of May and 7.113 counted dead bodies, without adding 642 prisoners who died during the first weeks of May and the ones who could not survive a too late liberation, was really hell on earth.

Sources : Jean Laffite - Roger Gouffault.

PLAN DU CAMP D'EBENSEE A LA LIBÉRATION

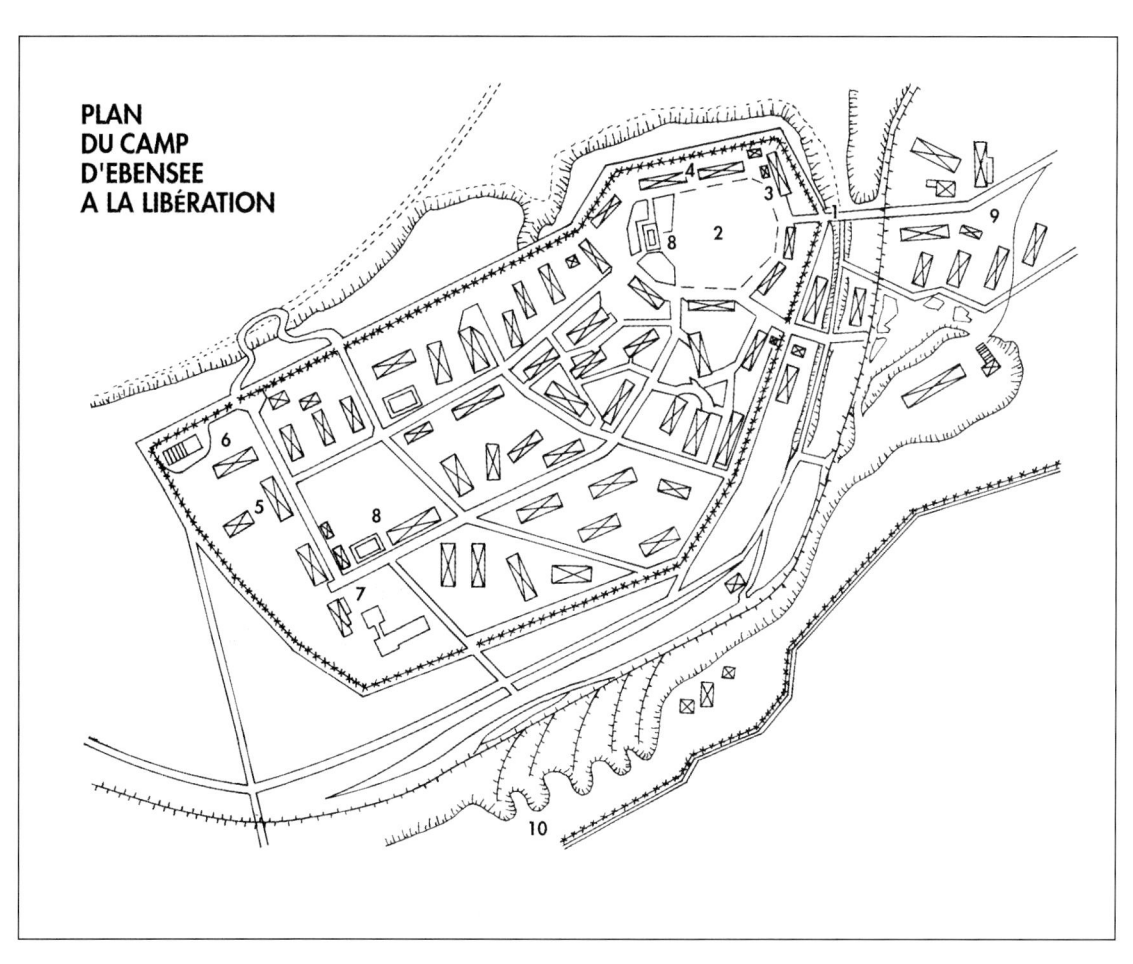

1. Entrée principale
   Main entrance
2. Place d'appel
   Roll-call Place
3. Cuisine
   Kitchen
4. Ateliers
   Workshop
5. Infirmerie
   Infirmary
6. Four crématoire
   Crematorium
7. Désinfection
   Disinfection
8. Piscine
   Swimming pool
9. Camp SS
   SS Camp
10. Tunnels
    Tunnel

Chantier extérieur aux tunnels d'Ebensee après la libération. 22/23 mai 1943, le « petit Steinbruck ».
Cette photographie ainsi que celles des pages suivantes ont été prises les 22 et 23 mai 1945 par Drahomir Bárta.

Outside yard of Ebensee tunnels after liberation. 22/23 May 1945, the "little Steinbruck".

This photography and the one next pages have been taken on the 22 and 23 of May 1945 by Drahomir Barta.

137

L'angle nord-est de la place d'appel avec, au premier plan, un bassin avec jet d'eau construit sur cette place et, dans le fond, des baraquements utilisés comme ateliers.

The north-east angle of the roll-call place with, foreground, a pond with fountain set up on this place and, background, barracks used as workshops.

Un autre angle de la place d'appel. Le block du premier plan serait la menuiserie.

Another angle of the roll-call place. The foreground block should be the carpentry.

Le crématoire du camp d'Ebensee.

Ebensee camp crematorium.

Une des baraques du camp.

One of the camp barracks.

Le mirador, vide et en partie démoli, domine encore le camp. En bas, le chemin de ronde qui longe la clôture aux barbelés électrifiés.

The mirador, empty and partly demolished still overlooking the camp. Below, the round path which borders the electrified, barbed-wire fence.

Le « grand Steinbruck » édifié à proximité d'Ebensee et où les détenus du camp étaient conduits par un chemin bordé de barbelés serpentant dans la montagne et appelé « le chemin des lions ».

The « Big Steinndruek » built up near Ebensee where prisoners of the camp were driven through a path bordered by barbed-wire meanding in the mountain and called « the lions's path ».

Une voie de chemin de fer du Decauville.

A « Decauville » railway.

Le chantier devant l'entrée de l'un des tunnels.

Building yard in front of one of the tunnels.

Entrée d'un autre tunnel.
Entrance of another tunnel.

Entrée d'un tunnel dont les travaux intérieurs sont terminés.
Entrance of a tunnel. The inside works being achieved.

Rail du Decauville au-dessus de baraques de chantier.

« Decauville » rails over the building yards barracks.

Une des allées tracées entre les blocks du camp.

One of the path drawn between the blocks of the camp.

143

La baraque où étaient rassemblés les détenus grecs.

Greek prisoners' barrack.

Au fond, vue prise à partir du camp des SS, l'entrée du camp encore occupé par les détenus après la libération.

Bottom, camp entrance still occupied by prisoners after liberation.

Après la libération, la baraque des Italiens...

Italians' barrack after liberation...

... et l'un des blocks occupé par les Français.

... and one of the blocks occupied by the French.

Arbeitslager "Zement"
Lager-Stand

Datum	Vorgang	Zugang	Abgang	Stärke
9. 3.45	Verbrennungen		420	11686
14. 3.45	Zugang v/Mauthausen	1		11687
17.3. 45	Richtigstellung Trepliste KLM. vom Trsp.Gross-Rosen 2059-2048		11	11676
19. 3.45	Verbrennungen		835	10841
26. 3.45	Trsp.n/Wels		1000	9841
27. 3.45	Verbrennungen		419	9422
29. 3.45	Flucht 40115		1	9421
30. 3.45	Überstellung KLM.119793		1	9420
2. 4.45	Verbrennungen		210	9210
1. 4.45	Wiederergriffen 40115	1		9211
6. 4.45	Anto-Hanzel 400 einsatzfähigen gegen 400 Kranke v.Wels	400	400	9211
7. 4.45	Verbrennungen		210	9001
13. 4.45	Zug.v/Wels	1773		10774
14. 4.45	Zugang v/Melk	2000		12774
14. 4.45	Verbrennungen		367	12407
14. 4.45	Zug.a.d.Flucht ergrif.133934	1		
15. 4.45	Trsp.Nordhausen	216		
17. 4.45	" v/Melk	1419		
17. 4.45	3 Flüchtlinge	3		
17. 4.45	Trsp.v/Melk	16		
18. 4.45	Zugänge v/Arkstätten	1444		
19. 4.45	Trsp.v/Melk	18		
19. 4.45	Trsp.Leibnitz	407		
19. 4.45	Verbrennungen		501	
20. 4.45	Trsp.v/Melk	17		
20. 4.45	"	2365		
20. 4.45	Trsp.St.Valentin	103		
20. 4.45	"	100		
20. 4.45	Trsp.v/Melk	2		
21. 4.45	Trsp.v/Melk	165		
21. 4.45	Trsp.St.Valentin	255		
22. 4.45	"	72		
23. 4.45				
25. 4.45	Verbrennungen		927	
25. 4.45	Flucht Pucheim/21/4		7	
25. 4.45	" 22/4		4	
25. 4.45			3	17568
26. 4.45	3 Tote			17570
26. 4.45	Zugang v/Melk	2		17560
27. 4.45	Abgang Ganz-Kirchen		10	16671
28. 4.45	Verbrennungen		889	16666
30. 4.45	Flucht Pucheim		5	
			3	16663
1.4. 45	Überstellung		16	15647
30. 4.45	Flucht Pucheim			16643
2. 5.45	Zugang v.Flucht 110663	1		
3. 5.45	Zugang v.Flucht 101404,96152	2		15935
3. 5. 45	Verbrennungen		744	
3. 5.45	Zugang v.Schlier	15		
3. 5.45	Zugang v.Dachau Flüchtlinge	5		
3. 5.45	Zugang v.Schlier	70		
3. 5.45	Sachsenhausen Flüchtl.119093, 105810, 119221, 127841	4		16000
3. 5.45	Zugang v.Schlier Flüchtl.	48		
3. 5.45	Zugang Baubrigade	206		
4. 5.45	Zugang Neuengamme	214		
4. 5.45	Zugang Flucht zurück 12013	1		

Ci-contre : Dernière page du livre des entrées *(Zugang)* et des sorties *(Abgang)* du camp d'Ebensee. Etablie du 9 mars au 4 mai 1945, on y relève entre autres les incinérations dont il est fait régulièrement mention sous le terme « Verbrennungen ». A noter qu'au 4 mai, le camp comprend 16 469 détenus. Document conservé par Drahomir Bárta.

Ci-dessus : Le crématoire d'Ebensee, l'adieu à leurs compagnons disparus en fumée.

Next page - Last page of the entries' book and outgoing of the « Ebensee » Camp - written from 9th of march to the 4th of may 1945. One can see the cremations regularly mentioned under the word « Verbrennungen ». Note that on the 4th of may, the Camp is composed of 16.469 prisoners.

Above : Ebensee crematorium - Farewell to their companion passed away in smoke.

147

Ce détenu est mort de faim parmi les détritus. Ebensee, mai 1945. (Photo U.S. Army.)
This prisoner died of hunger amongst rubbish.

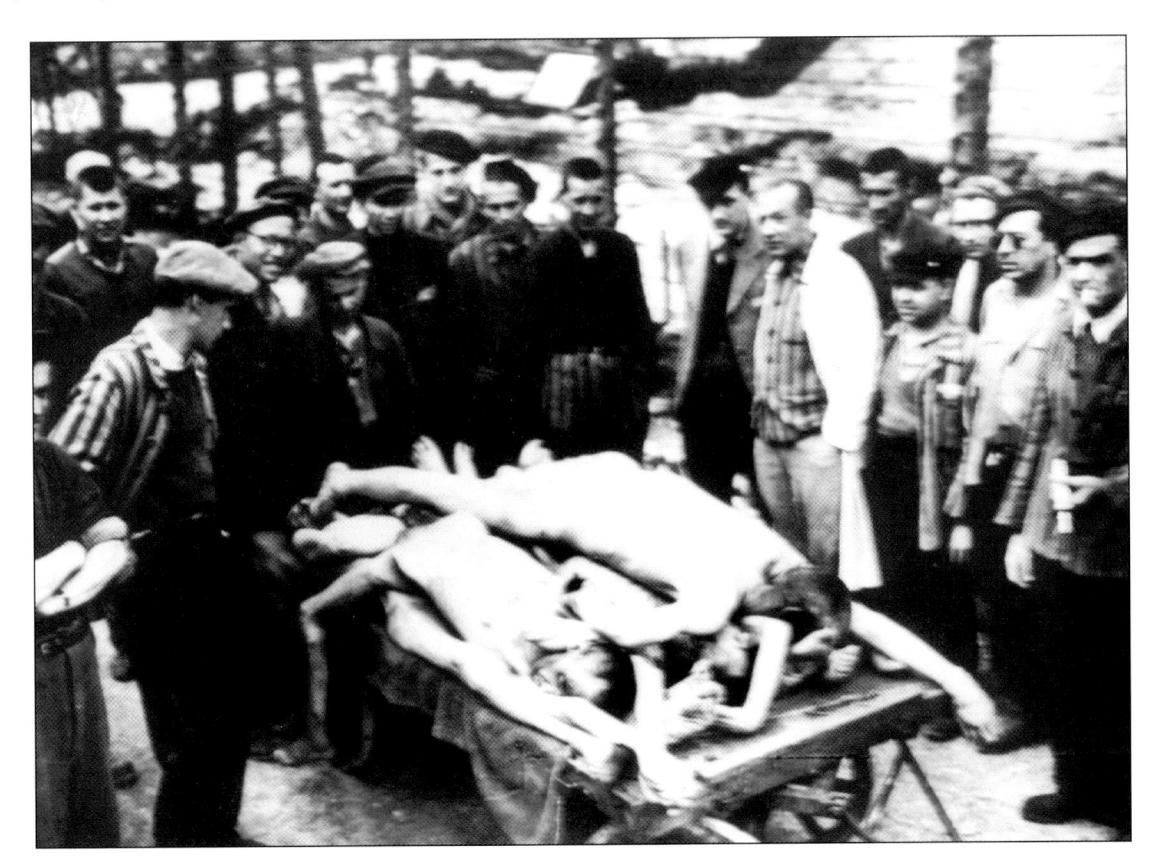

Les morts de l'infirmerie sont chargés sur un chariot pour être enterrés dans un cimetière provisoire à Ebensee. (Photo Garia, U.S.A.)
The Dead of the infirmary are held on a truck to be buried in a provisory cemetery at Ebensee. (Photo Garia - USA.)

Les civils sont réquisitionnés pour évacuer les 1 200 cadavres du camp d'Ebensee au 6 mai 1945. (Photo U.S. Army.)

Civilians are requisitioned to evacuate the 1200 bodies from Ebensee Camp - 6th of may 1945. (Photo U.S. Army.)

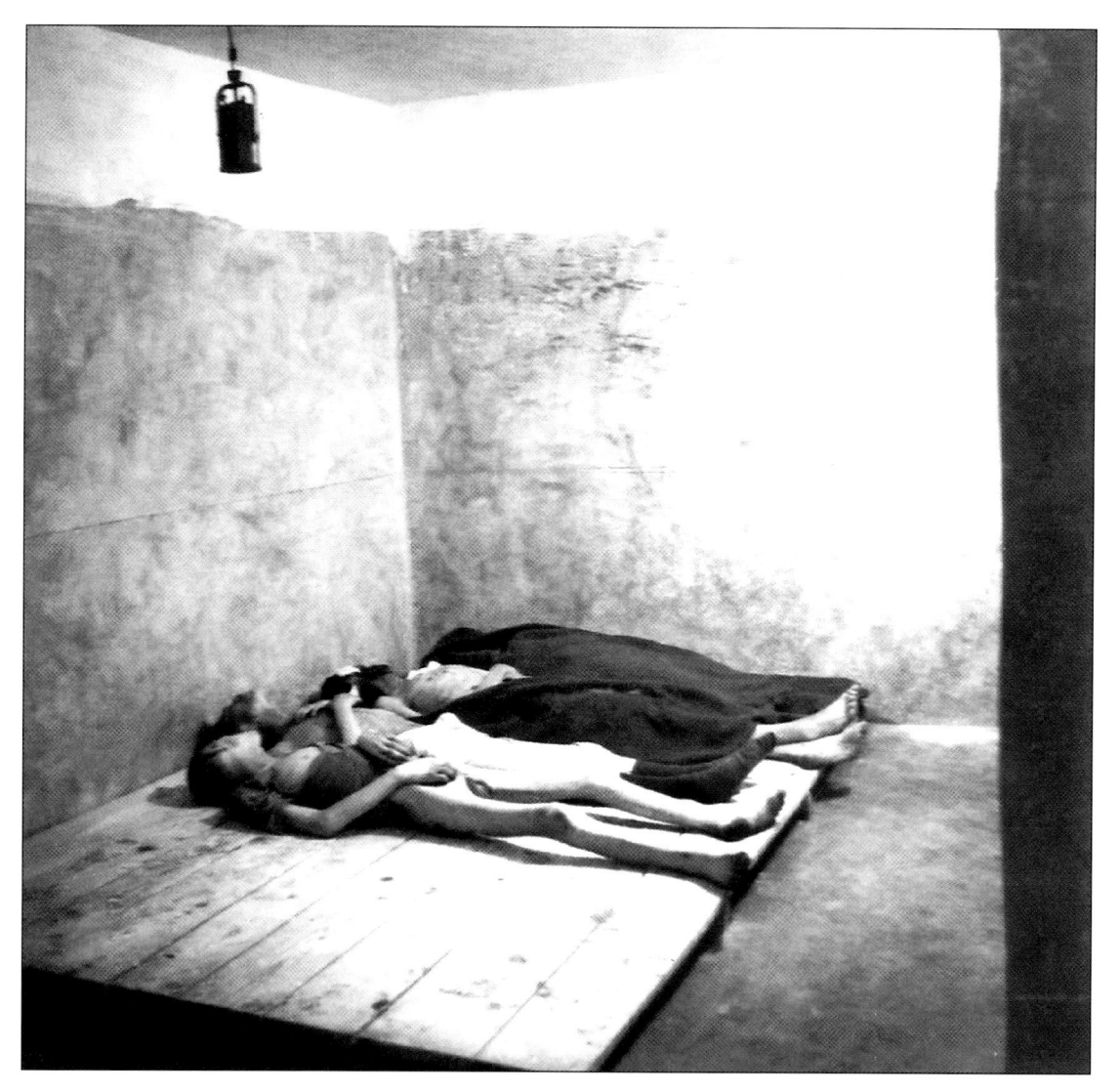

Les derniers décédés sont entreposés dans une morgue improvisée. Ebensee, mai 1945. (Photo U.S. Army.)

The last dead are stored in an improvised mortuary. (Photo U.S. Army.)

1 - Les civils chargent les morts pour les enterrer provisoirement parmi les leurs. Mai 1945. (Origine inconnue.)

2 - Les cadavres d'Ebensee entassés en attente d'une sépulture. Mai 1945. (Origine inconnue.)

3 - Un jeune Italien, ancien obèse, près de l'infirmerie de toile établie par les Américains, à proximité du crématoire. (Photo des 22/23 mai 1945 de D. Bárta.)

1 - Civilians loading the dead to be temporarily buried amongst their own - May 1945. (Origin unknown.)

2 - Corpses of Ebensee piled up awaiting a burial place.

3. -A young Italian previously obese near the tent infirmary set up by the American. (Photo 22/23 may 1945 from D. Barta.)

L'Autrichien Joseph Poltrum entouré de deux anciens détenus du camp, reconnaissant en lui l'artisan de leur survie.

The Austrian Joseph Poltrum with two former prisoners of the camp, acknowledging him as the artisan of their survival.

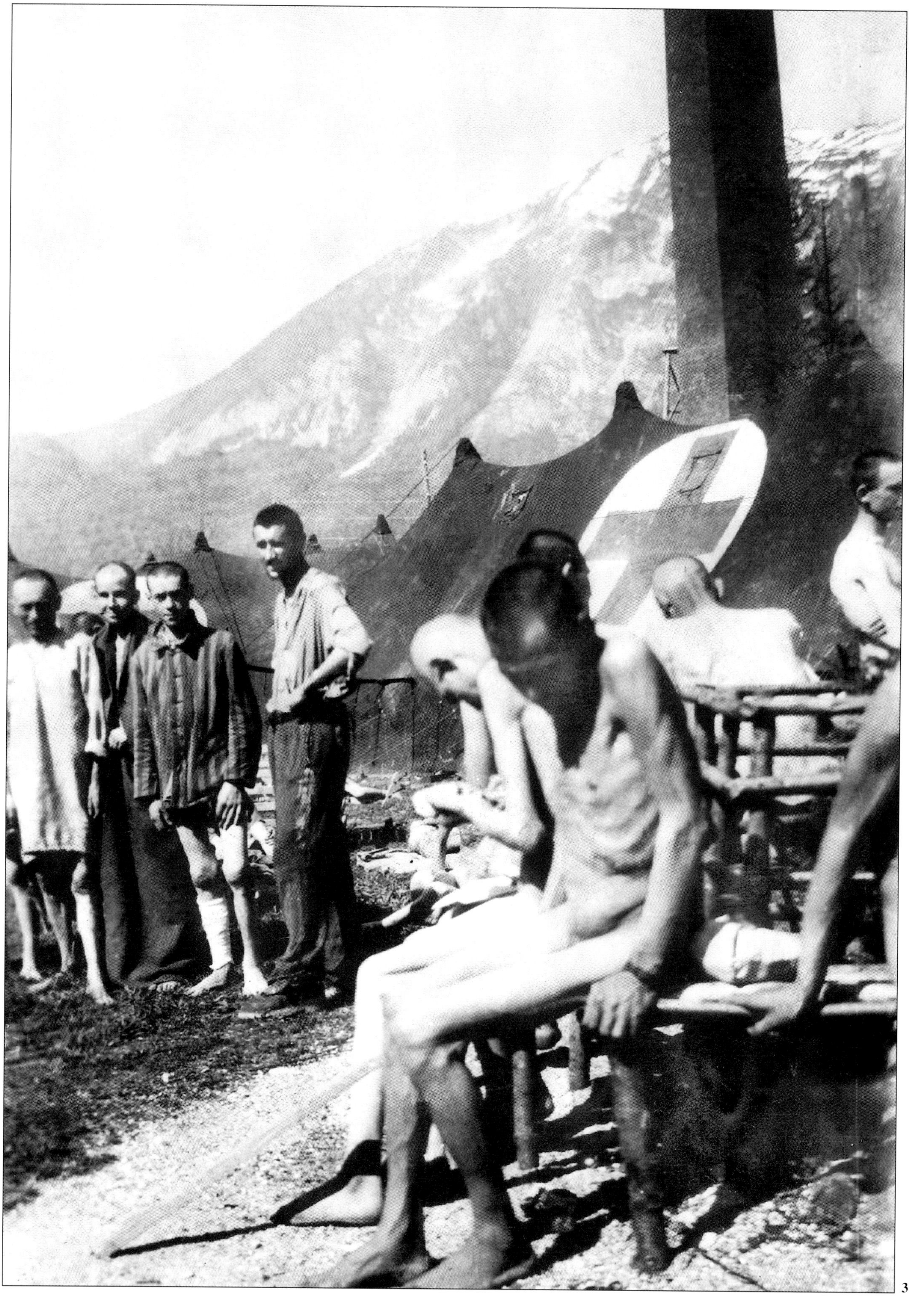

3

En attendant d'être évacué et hospitalisé. Mai 1945. (Origine inconnue.)
Awaiting evacuation and hospitalisation- May 1945 - Origin unknown.

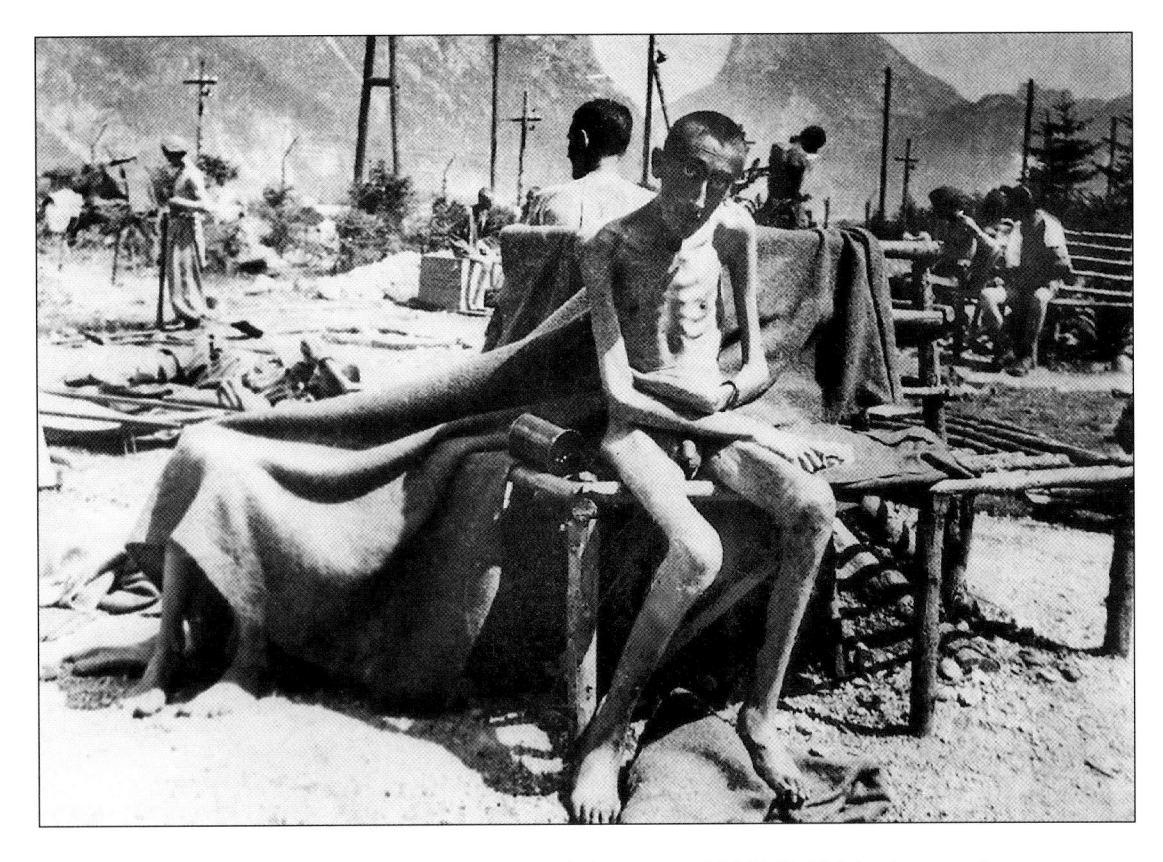

Les latrines du camp des malades, où on cause mais aussi où on meurt. Mai 1945. (Origine inconnue.)
Latrines of the sick camp where one talk but also die. May 1945 - Origin unknown.

Des morts-vivants qui se promènent après la libération. Mai 1945. Origine inconnue.

The dead-alive walking after liberation - May 1945. (Origin unknown.)

Des malades prennent le soleil devant l'infirmerie d'Ebensee. Mai 1945. (Photo U.S. Army.)

Sick sunbathing in front of the Ebensee infirmary - May 1945. (Photo US Army.)

Des détenus d'Ebensee libérés posent pour les soldats américains. Mai 1945. (Photo Garia, U.S.A.)

Liberated Ebensee prisoners posing for American soldiers - May 1945. (Photo : Garia, USA.)

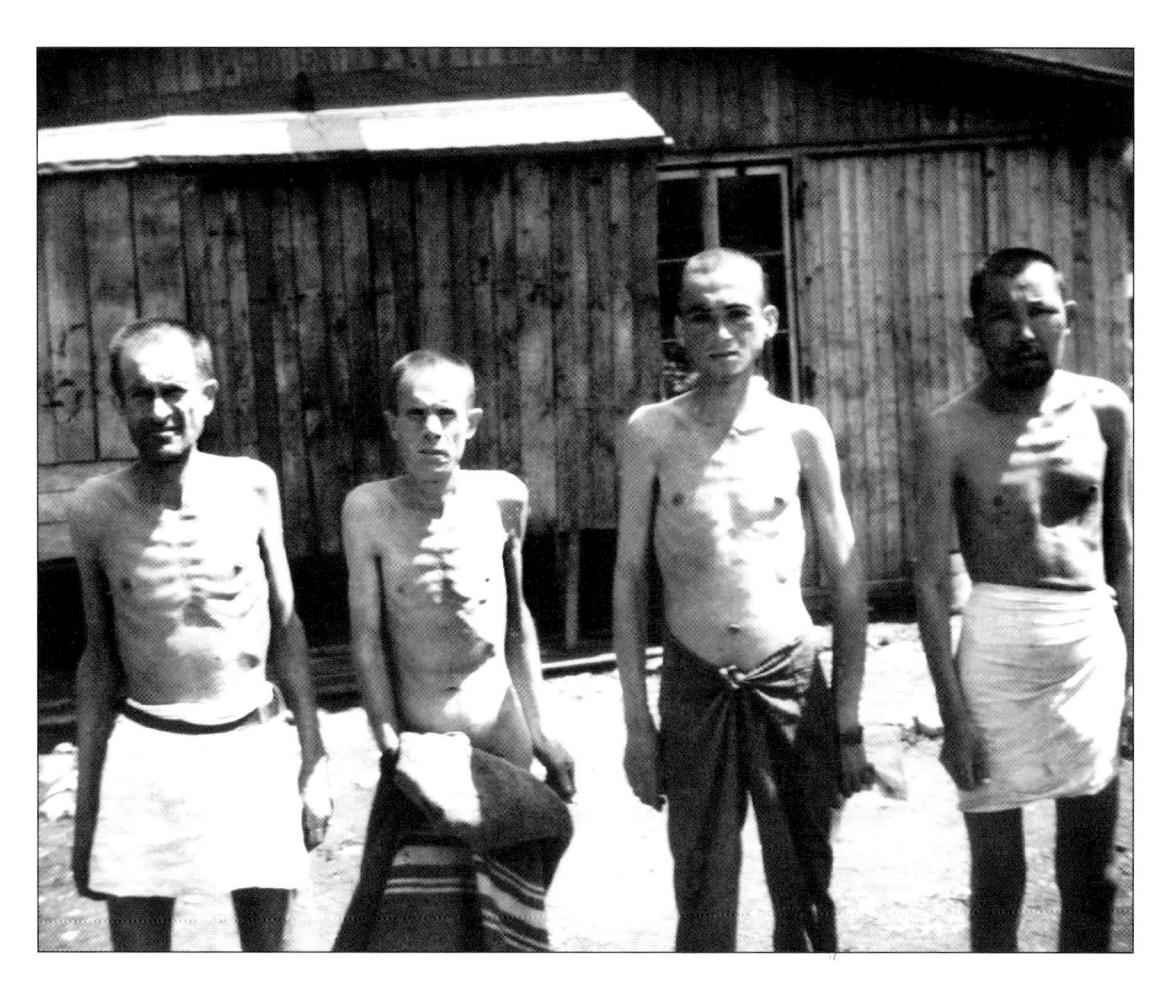

MAUTHAUSEN

Les morts ne dorment pas
      ils n'ont que cette pierre
Impuissante à porter
      la foule de leurs noms
Le souvenir du crime
      est la seule prière
Passant que nous
      te demandons

      Louis Aragon

Ci-contre : Le monument aux déportés français morts au camp.

Ci-dessous : Septembre 1949 : Inauguration du monument par le général Béthouart. (Archives de l'Amicale.)

Pages 156 à 159 : Les vestiges du camp après le départ, en 1947, des troupes d'occupation soviétiques. Date et origine inconnues. (Archives de Vienne.)
Pages 156 to 159 : *Remains of the camp after departure in 1947 of the Soviet occupation troops. Date and origin unknown (Vienna Archives).*

Block 5
Block 10
Block 15
Block 14
Block 9
Block 4
10
9

Block 3
Block 8
Block 13
Block 18
Block 12
Block 7
Block 2
8
7

Block 4
Block 9
Block 14
Block 18
Block 13
Block 8
Block 3
9
8

Block 16 (quarantaine)
Block 2
Block 7
Block 12
Block 11
Block 6
Block 1
7
6

Block 11
Block 16
Block 21

Block 24
19
18
17
16
Block 23
Block 22
Block 21

Infirmerie — *Bunker* — *Cuisine* — *Laverie* — *Poste de garde*

Place d'appel — *Block 21* — *Block 22*

Imprimé en France. - JOUVE, 18, rue Saint-Denis, 75001 PARIS
N° 282812L. - Dépôt légal : Juillet 2000

Camp des

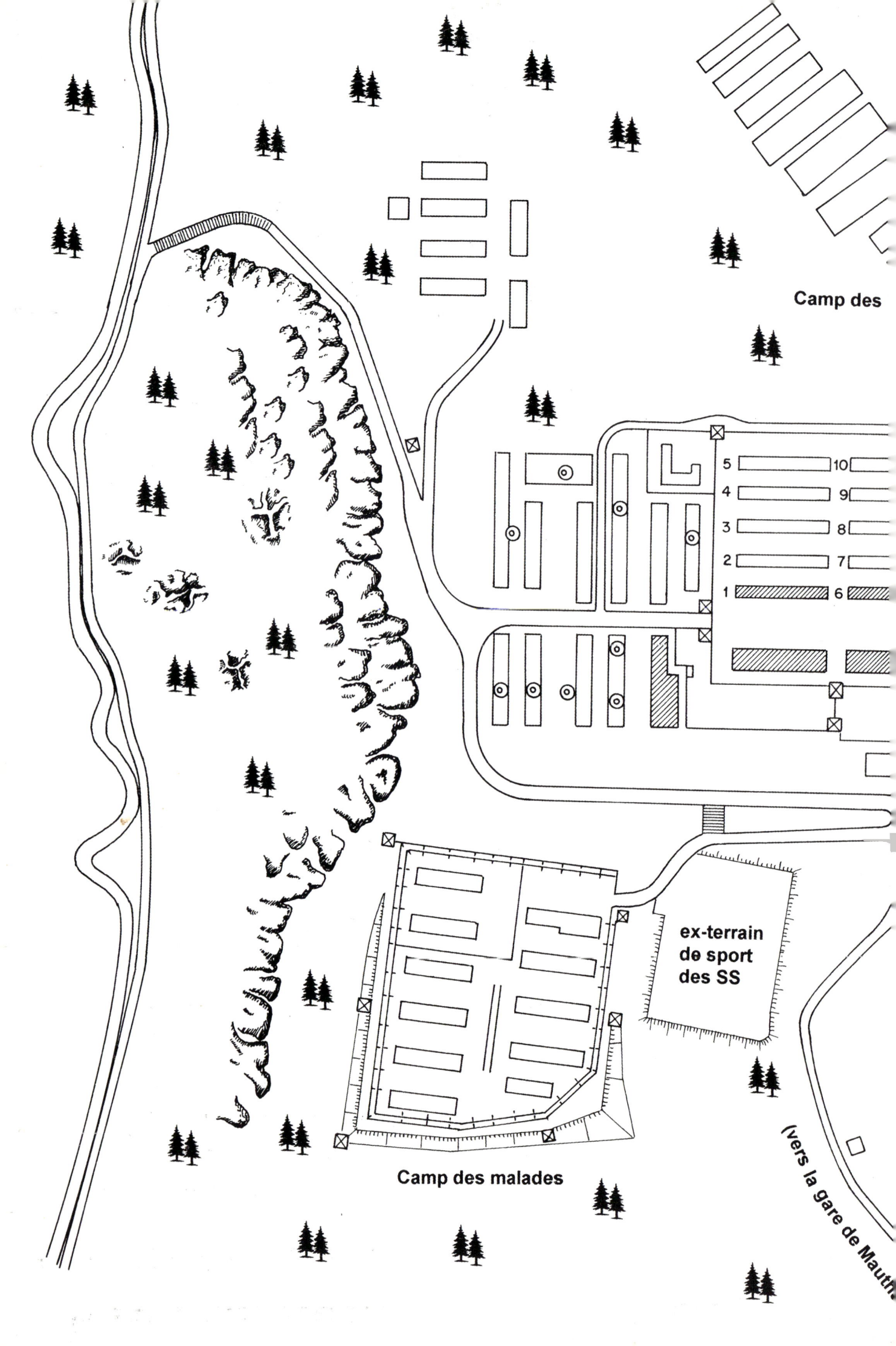

ex-terrain de sport des SS

Camp des malades

(vers la gare de Mauth...)